U0530686

国家智库报告 2016（12）
National Think Tank

经 济

中国对外投资季度报告
（2015年第4季度及全年回顾和展望）

王碧珺 王永中 等著

THE QUARTERLY REPORT OF CHINA'S OUTWARD INVESTMENT
(QRCOI-IWEP)(2015 REVIEW AND 2016 OUTLOOK)

中国社会科学出版社

图书在版编目(CIP)数据

中国对外投资季度报告.2015年.第4季度及全年回顾和展望/王碧珺等著.—北京：中国社会科学出版社，2016.3

（国家智库报告）

ISBN 978-7-5161-7870-6

Ⅰ.①中⋯　Ⅱ.①王⋯　Ⅲ.①对外投资—研究报告—中国—2015　Ⅳ.①F832.6

中国版本图书馆 CIP 数据核字（2016）第 060834 号

出 版 人	赵剑英	
责任编辑	王　茵	
特约编辑	王　衡	
责任校对	朱妍洁	
责任印制	李寡寡	

出　　版	中国社会科学出版社	
社　　址	北京鼓楼西大街甲 158 号	
邮　　编	100720	
网　　址	http://www.csspw.cn	
发 行 部	010-84083685	
门 市 部	010-84029450	
经　　销	新华书店及其他书店	

印刷装订	北京君升印刷有限公司	
版　　次	2016 年 3 月第 1 版	
印　　次	2016 年 3 月第 1 次印刷	

开　　本	787×1092　1/16	
印　　张	7	
插　　页	2	
字　　数	80 千字	
定　　价	28.00 元	

凡购买中国社会科学出版社图书，如有质量问题请与本社营销中心联系调换
电话：010-84083683
版权所有　侵权必究

团队成员名单： 姚枝仲　张　明　王永中　张金杰
　　　　　　　　李国学　韩　冰　潘圆圆　王碧珺
　　　　　　　　高　蓓　陈　博　黄瑞云　赵奇锋

报告执笔人： 王碧珺　王永中　张　明　韩　冰
　　　　　　　黄瑞云

中文摘要：2015 年，中国对外直接投资继续强劲增长，对外直接投资存量首次超过万亿美元。从行业上来看，服务业"走出去"态势强劲，金融业成为该年度中国海外兼并收购的第一大行业。我们预计，2016 年"一带一路"项目陆续落地将拉动对相关国家的直接投资和工程承包。在外汇储备投资方面，2015 年，中国外汇储备规模下降 5126 亿美元，这主要是由于中国人民银行外汇市场干预、美元大幅升值以及中国人民银行增加黄金储备造成的。未来一段时间，考虑人民币贬值和资本外流的压力仍会存在，中国的外汇储备规模预计会继续下降。

Abstract: Chinese outward direct investment (ODI) continued a strong growth pattern with the stock value for the first time exceeding one trillion U. S. Dollar. Service sector lead the trend and financial industry has been the largest investment field. We expect that with the "One Belt One Road" projects fell to the ground in 2016, related ODI and project contracting will surge. In addition to ODI, Chinese foreign exchange reserve decreased by 512.5 USD billion in 2015, due to foreign exchange market intervention by PBOC, RMB depreciation and the increase of gold reserve. We expect that Chinese foreign exchange reserve will continue to decline.

目　　录

对外直接投资持续增长，服务业"走出去"较为强劲
　　——2015年中国对外直接投资年度报告 ………（1）
　摘要…………………………………………………（1）
　　一　2015年中国海外直接投资特征 ……………（2）
　　二　政策展望 ……………………………………（15）
　　三　趋势展望 ……………………………………（18）

外汇储备投资行为趋向保守，注资金融机构
　　方式实现创新
　　——2015年中国对外证券投资年度报告 ……（22）
　摘要…………………………………………………（22）
　　一　中国外汇储备的变动及其分解 ……………（25）
　　二　中国投资美元证券资产状况 ………………（30）
　　三　外汇储备运用创新举措——外汇储备投资
　　　　平台公司注资金融机构 ………………………（38）

四　中国外汇储备的充足性估计 …………………… (42)
五　展望与政策建议 ………………………………… (46)

专题1　中国面临的短期资本外流：现状、原因、风险与对策 ……………………………………… (48)
 摘要 ……………………………………………………… (48)
 一　引言 ………………………………………………… (49)
 二　近期短期资本外流状况：基于国际收支表的分析 ……………………………………… (51)
 三　近期短期资本外流状况：基于银行收付数据的分析 …………………………………… (60)
 四　导致近期短期资本外流的原因 …………………… (67)
 五　未来短期资本大规模流出的风险 ………………… (78)
 六　结论与政策建议 …………………………………… (89)

专题2　反思811汇改：做好前瞻性指引、增加公共沟通 ……………………………………… (94)

专题3　日本资本账户开放对中国的启示 ……… (100)
 一　日本资本账户开放的教训 ………………………… (100)
 二　对中国的启示 ……………………………………… (102)

对外直接投资持续增长，服务业"走出去"较为强劲

——2015年中国对外直接投资年度报告*

摘　要

2015年，中国对外直接投资实现了连续13年增长，对外直接投资存量首次超过万亿美元。从行业上来看，行业布局呈多元化态势，服务业"走出去"态势强劲，金融业成为该年度中国海外兼并收购的第一大行业。从区域上来看，北美洲、亚洲和欧洲成为中国海外兼并收购的前三大目的地，三者共吸纳了2015年中国海外兼并

---

* 本报告是中国社会科学院世界经济与政治研究所国际投资研究室的集体研究成果之一。执笔人为王碧珺、黄瑞云和韩冰。参加讨论的人员包括姚枝仲、张明、王永中、张金杰、李国学、潘圆圆、韩冰、王碧珺、高蓓、陈博、刘洁、黄瑞云与赵奇锋。

收购总额的85.6%，总项目数的83.5%。我们预计，2016年"一带一路"项目陆续落地将拉动对相关国家的直接投资和工程承包。同时，民营企业将继续引领海外投资新浪潮。

一　2015年中国海外直接投资特征

根据商务部的最新数据，2015年中国境内非金融类投资者共对全球155个国家（或地区）的6532家境外企业进行了直接投资，累计实现对外直接投资1180.2亿美元，同比增长14.7%。其中股权和债务工具投资1012.2亿美元，同比增长17.6%，占85.8%；收益再投资为168亿美元，与上年持平，占14.2%。

商务部数据显示，2015年中国对外非金融类直接投资创下1180.2亿美元的历史最高值，对外直接投资存量也首次超过万亿美元，并超额完成年增长10%的目标，实现了中国对外直接投资连续13年增长。这与以下因素息息相关：从国内来看，一方面，国内的经济增速放缓，需求较为疲软，内地企业"走出去"的意愿较为强烈；另一方面，政府对中国企业对外投资的政策鼓励以及放宽的备案制管理模式为国内企业的海外投资提供了支持和便利。从国际上来看，欧美发达国家的经济缓慢复苏，潜在的消费市场巨大，吸引国内企业纷纷前往，以抢先占领市场或获得技术支持；中国的"一带一路"倡议得到沿线诸多国家的认同和响应，与中国企业不断加强投资合作，这也为中国对外直接投资提供了新的增长点。

兼并收购是中国对外直接投资的重要形式，根据BVD-ZEPHYR《全球并购交易分析库》与IIS，2015年中国完成交割的海外并购共计403.07亿美元。另外，同年中国还有393.76亿美元的海外兼并收购已达成意向（已宣布，尚未完成）。对上述交易（包括已完成和已宣布但尚未完成的并购）进行分析，可以发现如下特点。

1. 海外投资的季度完成额呈下降趋势，第4季度下降最为明显

从各个季度交割完成的海外并购来看，2015年第1季度至第4季度，中国海外兼并收购的季度完成额呈下降趋势。其中，第1季度的海外兼并收购完成额达77.26亿美元，第2季度的交割完成额为76.25亿美元，仅较第1季度下降1.3%。第3季度，中国企业的海外兼并收购完成额为68.94亿美元，比第2季度下降9.6%。第4

季度的降幅最为明显，比第 3 季度下降 35%，与 2014 年第 4 季度相比，下降了 57.4%。

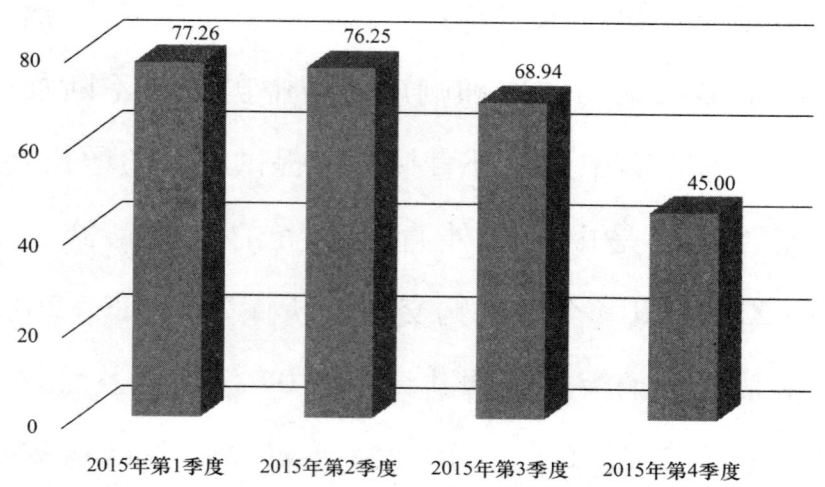

图1 2015 年第 1—4 季度中国企业海外投资完成额（亿美元）

数据来源：BVD - ZEPHYR《全球并购交易分析库》与 IIS。

2. 海外兼并收购的行业布局多元化，服务业"走出去"强劲

2015 年，中国企业在海外兼并收购的行业布局呈多元化态势，共涉及 17 个行业领域，包括金融业、制造业、租赁和商务服务业、信息技术业、采矿业、电燃水生产和供应业、住宿和餐饮业、房地产业、交通运输业、文体娱乐业、批发和零售业、科学研究和技术服务业、

卫生和社会工作、教育、水利环境业、建筑业、农林牧渔业。其中,中国企业在海外的兼并收购约有70%集中在金融业、制造业、租赁和商务服务业、信息技术业、采矿业五大行业领域。一些中国企业在进行跨境兼并收购时采取多元化投资战略,以扩大业务范围,开展多元化经营,如万达集团斥巨资收购瑞士的盈方体育传媒公司、美国的世界耐力控股公司,进军文体娱乐业,剑光资产管理公司涉足荷兰企业的功率放大器制造等。

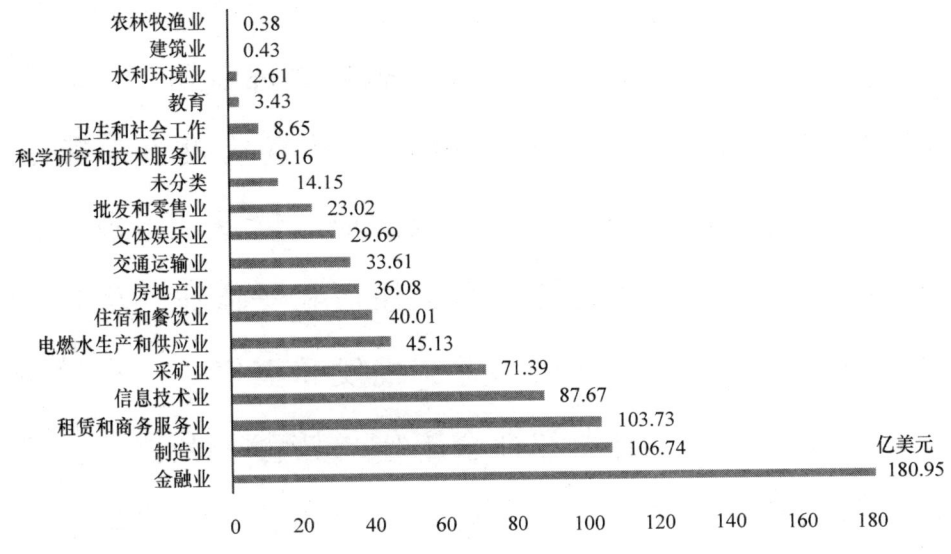

图2 2015年中国跨境兼并收购行业分布(投资额)

数据来源:BVD-ZEPHYR《全球并购交易分析库》与IIS。

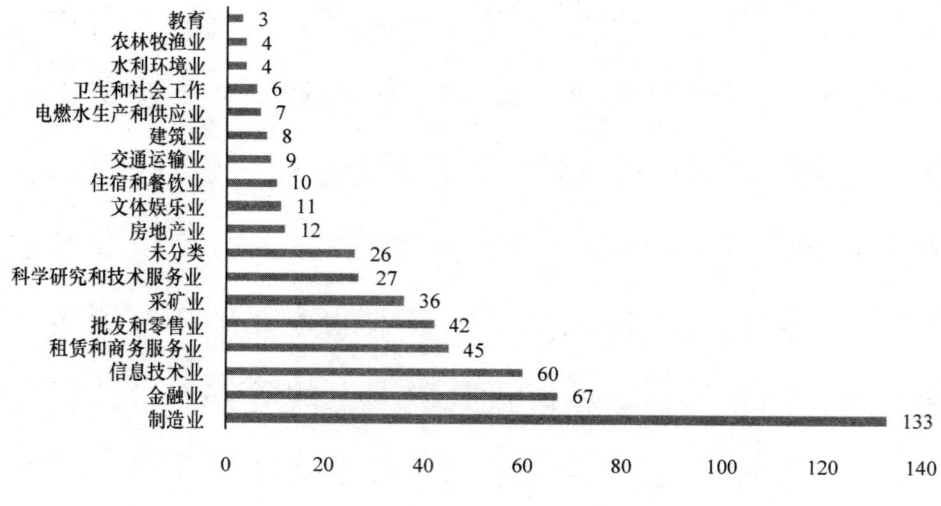

图 3　2015 年中国跨境兼并收购行业分布（项目数）

数据来源：BVD - ZEPHYR《全球并购交易分析库》与 IIS。

2015 年，服务业"走出去"态势表现强劲。中国企业对海外服务业的投资额占全年对外直接投资总额的 70%，项目总数的 58%，涉及金融业、信息技术业、租赁和商务服务业、信息技术业、住宿和餐饮业、房地产业、交通运输业、文体娱乐业、批发和零售业、科学研究和技术服务业、卫生和社会工作、教育、水利环境业 13 个行业领域。其中，对海外服务业的兼并收购集中于金融业、租赁和商务服务业与信息技术业，三者占全年兼并收购总额的 46.7%。中国企业对海外租赁和商务服务业的兼并收购主要投向交通运输工具和设备租赁、广告、产品包装、品牌推广、企业管理咨询等业务，分布于澳大利亚、新加坡、中国香港和中国台湾等国家和地区。中国企业对信息技术业的跨境兼并收购则青睐信息技术发达的美国、印度、新加坡等国家的移动APP软件开发、游戏开发、电信、云计算和网络服务等领域。

3. 金融业成为2015年中国海外兼并收购的第一大行业

2015年，中国企业对海外金融业的兼并收购增长强劲，共投资67起，共计180.95亿美元，占同期中国企业海外兼并收购额的22.7%，项目数的13.1%，成为该年中国海外兼并收购的第一大行业。

内地企业在金融业的海外直接投资遍布六大洲，其中，39%投向了北美洲（主要是美国和百慕大），32.9%分布在亚洲（主要是中国香港、韩国和新加坡），25.5%流向欧洲（主要是荷兰、英国和俄罗斯），另外，拉丁美洲、非洲和大洋洲也有所涉及（见表1）。对金融业的跨境兼并收购以民营企业为主，如安邦集团、万达集团、复星国际、青岛海尔等，中国石化、工商银行、深圳能源集团、广发证券等国有企业也有参与，主要涉及保险业、银行业、资产管理和控股公司。

表1　　　　　　　　中国海外金融业投资的地区分布

	投资额（亿美元）	项目数	投资额比重（%）	项目数比重（%）
北美洲	70.62	19	39.0	28
其中：美国	42.05	8		
百慕大	18.89	4		
亚洲	59.59	31	32.9	46
其中：中国香港	39.10	22		
韩国	9.60	1		
新加坡	8.14	4		
欧洲	46.15	7	25.5	10
其中：荷兰	22.51	2		
俄罗斯	13.38	1		
英国	6.90	1		
拉丁美洲	4.43	6	2.45	9
其中：维京群岛	2.69	4		
巴西	1.74	2		

数据来源：BVD – ZEPHYR《全球并购交易分析库》与 IIS。

4. 北美洲、亚洲和欧洲成为三大投资目的地

2015年，中国企业海外投资的区域性较为明显。北美洲、亚洲与欧洲一并成为中国企业海外投资的主要目的地，三者吸纳了同期中国海外兼并收购总投资额的85.5%、总项目数的83.6%（见图4）。而中国企业对大洋洲、拉丁美洲、非洲的投资较少，三者仅占同期中国海外兼并收购总投资额的14.4%、总项目数的16.5%。

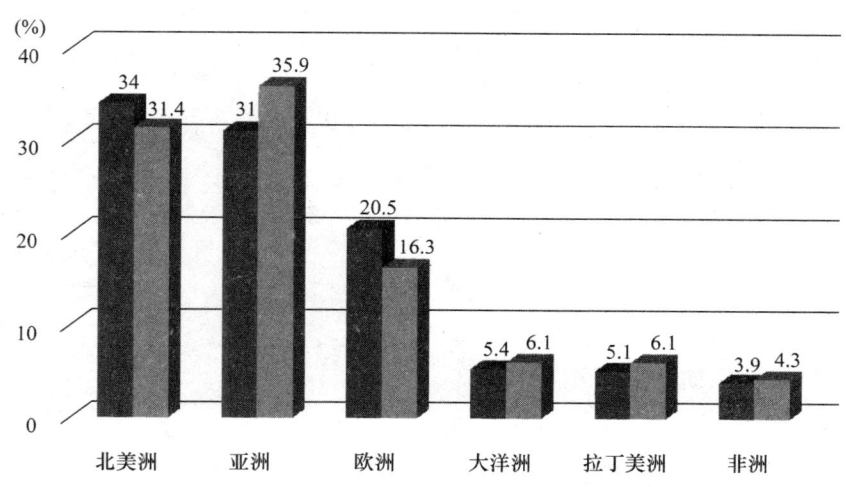

图 4 2015 年中国跨境兼并收购的区域分布

数据来源：BVD - ZEPHYR《全球并购交易分析库》与 IIS。

表 2　　　　　　　　2015 年中国前十大跨境兼并收购目的地

国家/地区	投资额（亿美元）	项目数	涉及行业
开曼群岛	130.73	54	房地产业、教育、金融业、农林牧渔业、批发和零售业、水利环境业、信息技术业、制造业、住宿和餐饮业、租赁和商务服务业
中国香港	125.77	84	房地产业、建筑业、交通运输业、金融业、科学研究和技术服务业、批发和零售业、文体娱乐业、信息技术业、制造业、住宿和餐饮业、租赁和商务服务业
美国	73.04	69	金融业、科学研究和技术服务业、农林牧渔业、批发和零售业、卫生和社会工作、信息技术业、制造业、租赁和商务服务业
瑞士	52.30	8	交通运输业、教育、批发和零售业、卫生和社会工作、文体娱乐业、制造业
百慕大	47.90	21	采矿业、房地产业、建筑业、金融业、农林牧渔业、文体娱乐业、信息技术业、制造业、租赁和商务服务业

续表

国家/地区	投资额（亿美元）	项目数	涉及行业
荷兰	41.16	10	金融业、科学研究和技术服务业、信息技术业、制造业
澳大利亚	39.65	24	采矿业、电燃水生产供应业、房地产业、科学研究和技术服务业、批发和零售业、卫生和社会工作、文体娱乐业、信息技术业、制造业、租赁和商务服务业
维京群岛	31.63	11	采矿业、房地产业、金融业、制造业、租赁和商务服务业
中国台湾	28.54	11	科学研究和技术服务业、信息技术业、制造业、租赁和商务服务业
俄罗斯	28.38	3	采矿业、金融业

数据来源：BVD－ZEPHYR《全球并购交易分析库》与 IIS。

北美洲在 2015 年吸引了大量中国内地企业前往投资，成为中国海外投资的第一大目的地。中国内地企业对北美洲的 160 起投资共 271.01 亿美元，主要集中在开曼群岛、美国和百慕大，加拿大和墨西哥也有所涉及。在北美的投资额大部分流向了开曼群岛的交通运输工具租赁、酒店管理、移动软件开发、投资管理、芯片和半导体制造等业务，美国的金融、电子产品制造、高新技术研究、信息产业等，百慕大的集装箱租赁、房地产、金融、影视、产品制造等，加拿大的油气和矿产开采、娱乐业，以及墨西哥的电子设备制造等。百慕大和开曼群岛作为"避税天堂"和发达的离岸金融中心，成功吸引了众多中国内地企业前往兼并收购和注册新公司。美国作为全球第一大经济体，不仅在技术、研发和创新等方面领先全球，而且拥有发达的金融市场、完善的知识产权保护体系、较高的劳动力素质和完善的基础设施。

中国企业在亚洲的投资额仅次于北美洲，共发生183起，合计247.21亿美元，成为中国海外投资的第二大目的地。中国内地企业在亚洲的投资包括马来西亚、新加坡、以色列、印度、韩国、哈萨克斯坦、中国香港、中国台湾等18个国家和地区。其中，对马来西亚、新加坡、以色列、印度、韩国、中国香港、中国台湾这7个国家和地区的投资总额占亚洲总投资额的92%，项目数的84%。其中，中国香港的金融、信息产业、租赁、房地产，中国台湾的产品组装和包装、芯片制造、生物制药，马来西亚的电力生产、产品批发，以及新加坡的金融、移动软件开发、企业管理等业务，均成为2015年的重要投资对象。

中国企业海外投资的第三大目的地是欧洲，共发生83起，合计163.62亿美元。在欧洲的投资分布在瑞士、荷兰、俄罗斯、英国、法国、比利时、意大利、德国等18个国家。其中，瑞士的航空运输、体育业和医药，荷兰的保险业、产品制造和信息产业，俄罗斯的油气和铜矿开采、金融业，英国的食品制造、金融和机械设备制造，以及法国的酒店管理，均成为内地企业重要的投资对象。2015年，欧盟经济缓慢复苏，再加上荷兰、英国、法国、德国等主要欧盟成员国在管理经验、知名品牌、高新技术等方面的优势，成功吸引中国内地企业前往投资。

5. 前十大兼并收购项目规模进一步降低，首次未现采矿业项目

按照投资规模排序，本报告总结了2015年中国海外兼并收购前十大交易（见表3）。2015年的前十大海外兼并收购项目的主力军是具有雄厚资金优势的国有企业，行业布局呈多元化趋势，涉及交通运输业、租赁和商务服务业、信息技术业、电燃水生产和供应业、金融业、房地产业、制造业7个行业，交易额均在17亿美元以上。

2015年最大的一笔交易是海航集团在2015年7月底斥资27.31亿美元收购瑞士国际空港公司。其次是渤海租赁股份有限公司于8月上旬宣布出资26.37亿美元收购总部位于爱尔兰的跨国飞机租赁商AVOLON控股公司，力图打造飞机租赁和新品牌。为完善公司的云网端产业链，紫光股份有限公司在5月下旬出资25.00亿美元收购惠普公司子公司——香港华三科技的51%股权，成为2015年的第三大交易。第四、第五大交易分别是：11月23日，中国核电公司宣布斥资22.99亿美元收购马来西亚的MASTIKA LAGENDA公司；12月15日，国家电力投资公司以21.74亿美元收购澳大利亚的太平洋水电公司。这两笔交易有利于我国企业进一步拓展国外的电力市场。国有企业在2015年的海外重大交易还包括中国铁建和清华紫光集团的兼并收购，4月中旬，中国铁建的下属公司拿下津巴布韦的英雄住房工程项目，金额为19.29亿美元；12月上旬，清华紫光集团出资17.26亿美元收购台湾矽品精密工业有限公司24.9%的股份。

与"财大气粗"的国有企业不同，前十大兼并收购项目民营企业仅有三项入围，分别是：2015年2月16日，安邦集团控股有限公司耗资20.87亿美元收购荷兰的REAAL NV公司，目标业务为保险业，成为2015年的第六笔重大交易。2015年5月初，复星国际宣布出资18.4亿美元收购美国的Ironshore保险公司剩余的80%股份，成为2015年的第八大交易。剑光资产管理有限公司在2015年5月底出资18亿美元收购荷兰的NXP半导体射频功率业务，成为 2015 年的第九大交易。

表3　　　　2015 年中国前十大跨境兼并收购项目

	中国企业	目标企业	目标国家	投资额（亿美元）	目标行业	持股比例（%）	是否完成
1	海航集团	瑞士国际空港公司	瑞士	27.31	交通运输业	100	是
2	渤海租赁股份有限公司	AVOLON 控股公司	开曼群岛	26.37	租赁和商务服务业	100	否
3	紫光股份有限公司	华三科技有限公司	中国香港	25.00	信息技术业	51	是
4	中国核电公司	MASTIKA LAGENDA	马来西亚	22.99	电燃水生产和供应业	100	否
5	国家电力投资公司	太平洋水电公司	澳大利亚	21.74	电燃水生产和供应业	100	否
6	安邦集团控股有限公司	REAAL NV	荷兰	20.87	保险业	100	是
7	中国铁建	英雄住房工程项目	津巴布韦	19.29	房地产业	100	是
8	复星国际	Ironshore 保险公司	美国	18.40	保险业	80	否
9	剑光资产管理有限公司	NXP 半导体射频功率业务	荷兰	18.00	制造业	100	是
10	清华紫光集团	矽品精密工业有限公司	中国台湾	17.26	租赁和商务服务业	24.9	否

数据来源：BVD – ZEPHYR《全球并购交易分析库》与 IIS。

与 2014 年相比，2015 年中国海外兼并收购前十大交易呈现两大特征。一是投资规模进一步降低。2013 年中国海外兼并收购前十大交易总投资额达 457.3 亿美元；2014 年只有 268.6 亿美元，比上年下降了 41%；2015 年进一步下降至216.9亿美元,比上年下降了19%。二是采矿业首次未进前十。采矿业曾经是前十大兼并收购的龙头行业,在2013年占比达72.2%,这一比重在2014年下降至35%,而2015年前十大兼并收购项目中首次未出现采矿业项目。

二 政策展望

1. 直接投资外汇管理政策简化,部分审核管理权下放到银行

2015年,中国进一步简化了对外直接投资外汇管理政策。涉及三个方面内容:一是取消直接投资项下外汇登记核准,境内投资主体可直接到银行办理境外直接投资项下相关外汇登记;二是取消境外再投资外汇备案,境内投资主体设立或控制的境外企业在境外再投资设立或控制新的境外企业时,无需办理外汇备案手续;三是取消直接投资外汇年检,改为实行境外直接投资存量权益登记,同时放宽登记时间,允许企业通过多种渠道报送相关数据。

这些措施简化或取消后,银行将可以直接审核办理

境外直接投资项下外汇登记。国家外汇管理局及其分支机构仅通过银行对直接投资外汇登记实施间接监管。企业"走出去"流程进一步简化。

2. 中澳、中韩签订自贸协定，中国—东盟自贸区成功升级

2015年6月1日，中韩两国政府正式签署《中华人民共和国政府和大韩民国政府自由贸易协定》。中韩FTA范围覆盖投资、规则、服务贸易和货物贸易共17个领域，是中国迄今为止涉及领域范围最广泛的自贸协定。同时，双方承诺在协定生效后2年内启动以准入前国民待遇和负面清单模式为基础的投资章节谈判。6月，中国与澳大利亚正式签署自由贸易协定。在投资领域，澳方将对赴澳投资的中国企业降低审查门槛并做出便利化安排。并且，澳方在投资的设立、扩大等投资准入阶段将给予中国投资者国民待遇。11月，中国与东盟十国正式签署中国—东盟自贸区升级《议定书》。该协定是中国在现有自贸区基础上完成的第一个升级协定，涵盖投资、海关、经济技术合作、贸易便利化等内容，是对原有协定的补充和完善。

这些双边和区域层面自贸协定的达成，为贸易和投资确定了更加开放、便利和规范的制度安排，有助于为中国企业进入当地市场消除投资壁垒，降低投资门槛，创造更好的投资环境，同时将促进资源和资本的流动，从而有利于推动亚太区域经济一体化进程。

3. 三一集团与美国政府达成全面和解，为其他中国企业海外投资维权提供了一个标准的案例

三一集团在 2012 年收购了位于美国俄勒冈州的 4 个风电场项目。该项目随后被美国外国投资委员会（CFIUS）叫停，理由是该风电场靠近美国军事设施。这也成为 CFIUS 设立以来，美国总统明确禁止的仅有的两笔外资收购交易之一。三一集团愤而起诉美国总统，开始了长达三年的诉讼之路。2014 年 7 月，美国法院判决 CFIUS 对三一美国关联公司所投资的风电项目的国家安全审查存在程序瑕疵，美国总统奥巴马下达的并购禁令行为违反了美国宪法对正当程序的要求。依据这一判决，2015 年 11 月，三一集团与美国政府达成全面和解。

通过这一诉讼，不仅三一集团在美国的合法权益得到了有效保障，更重要的是为其他中国企业海外投资维权提供了一个标准的案例。大多数中国企业海外投资受阻时，选择的是忍气吞声的回避策略，顶多发布公告宣传自己清白。但在国外，用法律解决问题才是主流选择。中国企业要充分了解东道国的法律法规，善于运用司法途径来维护权益。

三 趋势展望

1. "一带一路"项目陆续落地将拉动对相关国家的直接投资和工程承包

习近平主席在2013年出访中亚和东南亚期间提出共建"丝绸之路经济带"和"21世纪海上丝绸之路"，两大倡议之后正式写入十八届三中全会的《全面深化改革若干重大问题的决定》当中。2015年3月，《推动共建丝绸之路经济带和21世纪海上丝绸之路的愿景与行动》正式在博鳌亚洲论坛发布。在这一倡议下，2015年，中国企业共对"一带一路"相关的49个国家进行了直接投资，投资额合计148.2亿美元，同比增长18.2%，高于整体14.7%的增长率。投资主要流向了新加坡、哈萨克斯坦、老挝、印度尼西亚、俄罗斯和泰国等。

2016年，"一带一路"进入务实合作环节，预计沿线国家的铁路、公路、港口、航空等基础设施建设将成为中国企业海外投资的热点。同时，基础设施的完善将带动中国企业对其他相关行业的海外投资，包括钢铁、建材等制造业，以及旅游、商贸物流、农业等领域。

2. 民营企业引领海外投资新浪潮

中国传统上对外直接投资的主体是国有企业，尤其是央企。央企在2013年中国非金融类对外直接投资存量中的占比为69.7%，流量占比为60.7%。直到2014年，地方企业非金融类对外直接流量占比达到51.1%，首次超过央企的对外直接投资规模。这一趋势仍将继续，民营企业将成为中国对外直接投资的新主体。这背后有多方面原因。首先，金融危机后，境外众多企业陷入经营困难，急需资金支持，西方国家政府放宽了对中国企业投资领域的限制，这为中国民营企业提供了投资机会。其次，中国已经进入了高成本时代。国内劳动力、资金、原材料、土地和资源环境成本不断攀升，这给"成本驱动"和处于价值链低端的民营企业带来了巨大的生存和发展压力，民营企业有动力向海外转型。最后，国有企业在之前众多资源类海外投资中的损失，使其"走出去"变得更为谨慎，这也给民营企业对外直接投资腾挪了空间。

随着民营企业成为海外直接投资新的主力军，中国对外直接投资的行业分布也将更趋向多元化。相对较多在能源、资源领域攻城略地的国有企业而言，民营企业在海外的IT、房地产、物流、娱乐、食品等领域更为活跃，市场化程度也更高。2016年，经济增长放缓和市场竞争日趋激烈对于中国民营企业海外投资是一个强大推动力。同时，在人民币具有一定程度贬值的压力下，出于保值目的的海外投资也会增多。在行业方面，高科技、精密设备、食品业和消费休闲行业将是2016年中国民营企业海外投资的热点。

3. "十三五"时期中国将继续扩大对外投资

2015年11月，《中共中央关于制定国民经济和社会发展第十三个五年规划的建议》（以下简称《建议》）发布。《建议》中指出"十三五"时期要"支持企业扩大对外投资，推动装备、技术、标准、服务走出去，深度融入全球产业链、价值链、物流链，建设一批大宗商品境外生产基地，培育一批跨国企业"。与此同时，"十三五"时期将"完善境外投资管理，健全对外投资促进政策和服务体系"。2016年是"十三五"规划的开局之年，中国对外投资的发展也将进入崭新阶段。

4. 中美双边投资协定谈判展望

2016年1月，第24轮中美双边投资协定谈判在北京举行，双方继续围绕各自的负面清单展开深入磋商。中美双边投资协定自2008年启动以来，在2015年上半年完成了文本阶段的谈判，自2015年6月的第十九轮谈判开始进入负面清单谈判阶段。2015年9月中美两国领导人重申达成一项高水平投资协定的谈判是"两国之间最重要的经济事项"，双方同意"强力推进谈判，加快工作节奏"。众所周知，2016年美国将举行总统大选。因此，中美双边投资协定能否在本届政府任期结束前完成谈判还需拭目以待。

外汇储备投资行为趋向保守，注资金融机构方式实现创新

——2015年中国对外证券投资年度报告*

摘 要

2015年，中国外汇储备规模下降5126亿美元。其中，中国人民银行的外汇市场干预导致外汇储备下降3472亿美元，占外汇储备下跌总额的67.7%；美元大幅升值导致以美元计价的外汇储备价值下跌1388亿美元，占27.1%；中国人民银行增加黄金储备266亿美元，占5.2%。

---

* 本报告是中国社会科学院世界经济与政治研究所国际投资研究室的集体研究成果之一。执笔人为王永中。参加讨论的人员包括姚枝仲、张明、王永中、张金杰、李国学、潘圆圆、韩冰、王碧珺、高蓓、陈博、刘洁、黄瑞云与赵奇锋。

2015年10月底，中国持有美国证券资产的规模达17628亿美元，其中，美国国债12548亿美元，机构债券2041亿美元，股票2838亿美元，企业债券201亿美元。中国对美国证券资产的投资总体上维持稳定，投资规模略有下降，投资行为趋于保守，股票的投资比重由前期的18%降至16.1%，而国债的投资比重由69.1%升至71.2%。美国国债占中国持有的美国金融资产的比例明显上升，由2014年年末的65.8%上升至2015年10月的68.3%，提高了2.5个百分点。中国持有的美国国债占外汇储备的比例显著上升，由2014年年末的32.4%升至2015年11月底的36.8%，上升了4.4个百分点。中国外汇储备币种多元化进程放缓，美元资产的比重实现止跌回升，上升了2.9个百分点，达52.1%。

在外汇储备注资金融机构方面，国家外汇管理局的一项创新举措是通过外汇储备投资平台注资——梧桐树投资平台有限责任公司，分别向国家开发银行、中国进出口银行和丝路基金注资480亿美元、450亿美元、65亿美元，分别获取其27.19%、89.26%、65%的股权。该注资方式的优点在于：一是充分利用和发挥国家外汇管理局在外汇储备资产管理方面的经验与能力；二是简化了外汇储备注资金融机构的财务操作和记账程序，所注入的资金无需移出外汇储备账户。其缺点如下：一是中国人民银行事实上成为国有金融机构的股东甚至是绝对控股股东，与中央银行相对超脱性的货币政策、金融稳定与监管的职能可能存在潜在冲突；二是外汇管理局管理的储备资产规模庞大，可能没有精力以股东身份对所注资国有金融机构实施有效的监督约束；三是国有金融资产管理体制部分退回至中国投资公司成立前的中央汇金公司模式。

2015年，由于外汇储备规模的大幅下跌，短期外债水平的快速增加，中国超额外汇储备规模由上年的16776亿美元大幅下跌至8071亿美元，下降了51.9%。未来一段时间，考虑到人民币贬值和资本外流的压力仍会存在，中国的外汇储备和超额外汇储备的规模预计会继续下降。鉴于中国外汇储备规模仍远超由交易需求和预防需求所决定的最优水平，外汇储备的管理思路应继续在坚持安全性、流动性原则的同时，更为强调创新使用和投资回报。未来，外汇储备可适当增持欧元资产，并应高度警惕"一带一路"的投资风险。

一 中国外汇储备的变动及其分解

2014年9月以来,中国外汇储备规模出现了明显下降,由2014年8月末的39688亿美元跌至2016年1月末的32309亿美元,下降了7379亿美元,下降幅度达18.6%。尤其在2015年11月至2016年1月期间,中国外汇储备呈现加快下跌的态势,月度下降量分别为872亿美元、1079亿美元和995亿美元,下跌速度分别达2.5%、3.1%、3%(见图1)。

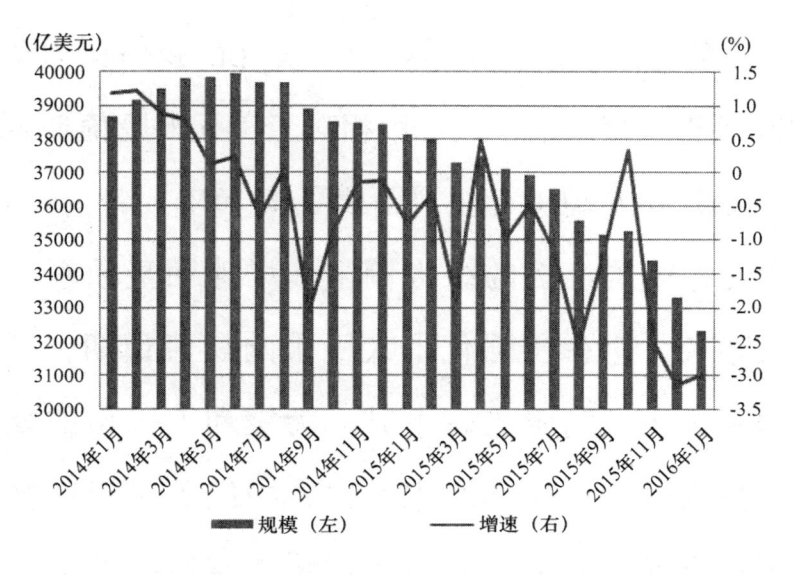

图1 中国外汇储备的规模及其增长率

资料来源:CEIC。

近期，造成中国外汇储备快速下跌的一个主要原因是人民币相对于美元的贬值压力明显上升。如图2所示，2014年8月以来，美元相对于日元、欧元大幅升值，美元汇率分别由1.33欧元/美元、102.94日元/美元大幅升至2016年1月的1.09欧元/美元、118.23日元/美元，相对于欧元、日元分别升值22.0%、14.9%。同时，美元也相对全球其他货币特别是一些大宗商品出口国的货币，强劲升值，美元指数由2014年8月的81.85大幅攀升至2016年的99.01，升值21.0%。在2015年7月及其之前，人民币兑美元的汇率维持高度稳定。这意味着人民币相对于美元以外的货币已大幅升值。在中国经济明显放缓、出口持续负增长的情形下，人民币相对于美元的贬值压力逐步积累。2015年8月以来，人民币相对于美元的贬值速度有所加快，特别是在2016年1月下跌了1.76%。

同时，中国经济的结构调整和增速明显放缓、出口连续负增长，进一步强化了人民币的贬值预期，导致企业和居民的美元需求大幅上升。为缓和人民币的贬值压力，维持人民币汇率的基本稳定，中国人民银行被迫在外汇市场上卖出美元，买入人民币，这就导致央行的外汇储备规模下降。人民币贬值速度的加快，鼓励境外短期逐利资本加快撤离中国的步伐，也导致部分国内企业提前偿还外币债务，以避免债务负担的加重。另外，国际投机资本也从中国经济减速、出口下降和股票市场剧烈波动中嗅到做空中国经济与人民币的商机。这些因素共同导致国内居民对美元需求大幅上升和资本大量流出，进而引致外汇储备快速下降，而人民币的需求下降和资本流出，进一步加大人民币的贬值压力，从而形成了人民币贬值—美元需求上升（人民币供给过剩）和资本外流—外汇储备下降的循环链条。

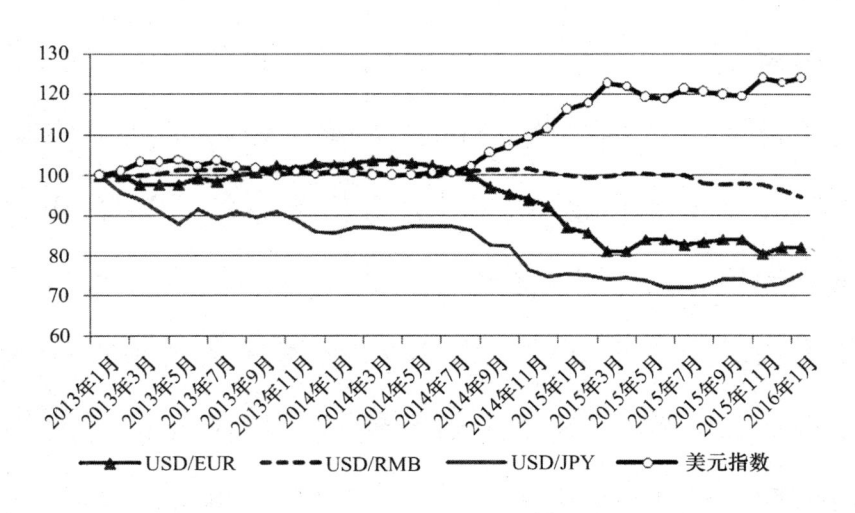

图2 欧元、日元和人民币兑美元的汇率指数与美元指数

注：2013年1月的欧元、日元和人民币兑美元的汇率以及美元指数均为100。

资料来源：CEIC。

事实上，2015年外汇储备的大幅下降不能完全归咎于央行的外汇市场干预，美元汇率升值引起的估值效应也是一个重要因素。除美元资产外，中国外汇储备资产还有非美元资产，如欧元、日元、英镑等货币。美元升值导致以美元计价的外汇储备中非美元资产价值的下跌，从而，以美元计价的外汇储备价值将会下跌。但是，外汇储备资产的实际购买力不一定下跌，其变动方向取决于美元资产和非美元资产的相对比重大小。此外，中国增加黄金和石油储备、外汇储备注资金融机构也会对外汇储备规模产生影响。

如表1所示，在不考虑增加石油储备和注资金融机构的条件下，中国外汇储备的下降可归咎于外汇市场干预、美元升值的估值效应和增加黄金储备。2015年，外汇储备规模下降5126亿美元。其中，中国人民银行外汇市场干预导致外汇储备下降3472亿美元，占外汇储备下跌总额的67.7%；美元大幅升值导致以美元计价的外汇储备价值下跌1388亿美元，占27.1%；中国人民银行增加黄金储备266亿美元，占5.2%。

在外汇储备注资金融机构方面，国家外汇管理局的一项创新举措是通过外汇储备投资平台注资，该平台公司所注入的资本无需移出外汇储备账户。在外汇储备注资中国投资公司的模式下，财政部需借助商业性金融机构（如中国农业银行）向中国人民银行间接发行特别国债，用以置换央行的外汇储备，而注入中投公司的资金应移出外汇储备账户。从而，外汇储备投资平台公司注资国有金融机构不会对外汇储备资产规模产生影响。关于该注资模式，本报告稍后将详细分析。考虑到亚洲基础设施投资银行和金砖国家新开发银行由财政部主导，外汇储备注资模式应采取注资中国投资公司的模式，从而，注入亚洲基础设施投资银行、金砖国家新开发银行的资金必须移出外汇储备账户。

表1　　　　　　　2015年中国外汇储备变动的分解　　　　　单位：亿美元

时间	外汇储备变动	外汇市场干预	黄金储备变动	估值效应
1月	-296	1		-297
2月	-119	-35		-84
3月	-715	-371		-344
4月	181	-74		255
5月	-370	-61		-309
6月	-173	-28	-229	84
7月	-425	-491	-7	73

续表

时间	外汇储备变动	外汇市场干预	黄金储备变动	估值效应
8月	-939	-501	-6	-432
9月	-433	-415	-5	-13
10月	114	84	-5	35
11月	-872	-493	-7	-372
12月	-1079	-1088	-7	16
合计	-5126	-3472	-266	-1388

资料来源：PBOC 和 IIS。

注：（1）"-"表示外汇储备的下降。若外汇市场干预量为负值，表示中央银行在外汇市场上卖出外币（如美元），买入人民币，外汇储备规模下降；若外汇干预量为正值，表示央行在外汇市场上卖出人民币，买入外币，外汇储备规模上升。

（2）央行外汇市场干预量为中国人民银行资产负债表中"国外资产"项中的"外汇"子项的变动额，折算为美元。折算汇率为当月和上月的人民币兑美元月平均汇率的均值。

（3）6月黄金购买量的折算汇率为2015年上半年人民币兑美元的平均汇率；7—12月购买黄金规模的折算汇率为当月和上月的人民币兑美元月平均汇率的均值。

（4）鉴于中国外汇储备资产的币种结构尚未公开，以及2015年外汇储备注入国内金融机构和多边开发性金融机构的资本基本未脱离外汇储备账户，本表简单假定估值效应为外汇储备变动与外汇市场干预、黄金储备变动之间的差额。

二　中国投资美元证券资产状况

中国持有的美国证券资产体现出信用等级高、期限长的特征。截至2015年10月底，中国持有的美国证券资产的规模达17628亿美元,其中,美国国债12548亿美元,机构债券2041亿美元,股票2838亿美元,企业债券201亿美元。如表2所示,中国持有的美国证券资产呈现出两个基本特征:一是信用等级高。中国持有AAA信用等级的美国国债和机构债券的价值高达14589亿美元,占证券持有总额的82.8%,而股票、企业债券等高收益的资产的比例仅分别为16.1%、1.1%。二是期限长。中国持有的美国长期债券资产规模达14722亿美元,占持有的美元资产总量的83.5%,而短期债券的持有量仅为68亿美元,不到持有的美元资产总量的0.4%,其中短期国债持有量为66亿美元,短期企业债券的持有量几乎可以忽略不计。这一期限结构使得中国持有的美元证券资产特别易遭受美国通货膨胀风险和利率风险的不利冲击。显然,美联储提高利率将会对中国持有的长期美国国债的市场价格构成负面影响。在证券资产的期限结构配置问题上,中国面临着追求投资收益与防范利率(通货膨胀)风险的两难选择。若中国增持短期债券品种,虽然可降低物价、利率波动对证券市场价值所产生的不利影响,但短期债券的收益率极低,几乎为零。

表2　　　　　　　　中国持有美国金融资产的种类及规模　　　　　单位：亿美元

日期（月末）	存款	证券	股票	长期债券 国债	长期债券 机构债	长期债券 公司债	短期债券 国债	短期债券 机构债	短期债券 公司债
2008年6月	258	12050	1000	5220	5270	260	130	170	0
2009年6月	302	14640	780	7570	4540	150	1590	0	10
2010年6月	224	16110	1270	11080	3600	110	40	1	8
2011年6月	298	17270	1590	13020	2450	160	49	0	3
2012年6月	577	15922	2209	11385	2024	218	84	2	0
2013年6月	384	17348	2605	12721	1740	234	46	2	1
2014年6月	1099	18169	3197	12607	2043	236	87	7	0
2014年12月	911	18001	3237	12428	2087	226	15		8
2015年3月	745	18323	3453	12600	2039	216	10		5
2015年6月	645	18443	3306	12680	2220	204	31		2
2015年9月	763	17553	2694	12530	2075	204	49		1
2015年10月	749	17628	2838	12482	2041	199	66		2
2015年11月	805			12594			51		2

注：2008—2014年6月末的数据为年度调查数据，其他数据为月度数据。与年度数据相比，月度数据存在较明显的"托管偏误"问题，倾向于低估中国持有美国证券资产的规模。

资料来源：美国财政部。

在2015年前10个月，中国对美国证券资产的投资总体上维持稳定，总投资规模略有下降，投资行为趋于保守，股票这一高收益资产的比重有所下降，国债这一低风险资产的比重有所上升。从投资资产的绝对量上看，与2014年年底的投资水平相比，2015年10月底中国减持的证券资产量为373亿美元，减持幅度为2.1%。其中，股票的减持力度最大，达399亿美元，投资量下降了12.3%，机构债和公司债的持有量分别下降46亿美元、33亿美元，减持幅度分别为2.2%、1.4%，而美国国债的持有量增加了105亿美元，上升了0.8%，并在11月继续增持了112亿美元，达12594亿美元，增持了0.7%。从资产的结构来看，各项美元证券资产的投资比例基本稳定，股票的比例由前期的18.0%降至16.1%，企业债的比例由1.3%降至1.1%，而国债的投资比重由69.1%上升至71.2%，机构债券的投资比重稳定在11.6%的水平。

值得注意的是，在2015年第2季度、第3季度，中国大幅减持了美国股票资产，股票投资量从第1季度末的3453亿美元，分别降至第2季度末、第3季度末的3306亿美元、2694亿美元，减持幅度分别为4.3%、18.5%。这可能与美国股票价格在金融危机后经历了长期稳定上涨之后，继续上涨的动力缺乏有关。2015年下半年以来，美国股票市场的波动幅度明显扩大。标准普尔500股票平均价格指数从2015年7月的阶段性高位的2104点下降至2015年9月的1920点，下跌幅度达8.7%，其后虽有所反弹，但在2016年1月又继续回落至上年9月的水平（见图3）。

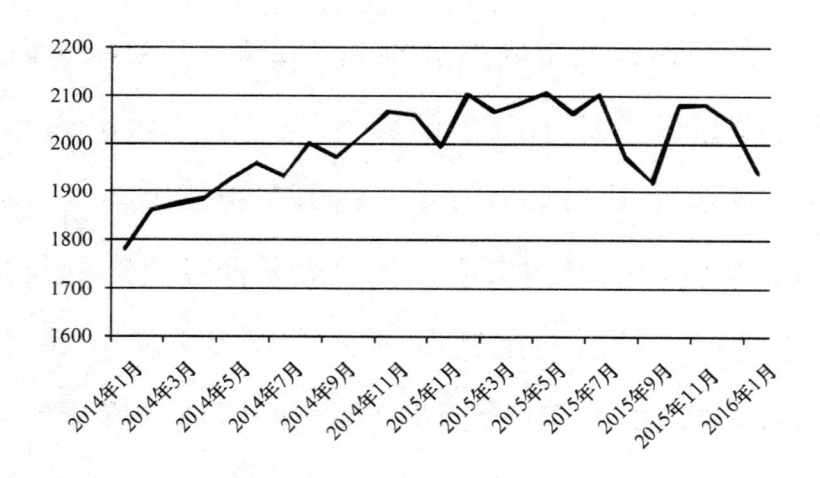

图3 美国标准普尔500股票平均价格指数

资料来源：CEIC。

此外，从表2的数据可以看出，中国对美国短期债券的投资缺乏兴趣。自2010年以来，中国对美国短期国债的购买规模基本维持在几十亿美元的水平上，对短期机构债券、短期公司债券的投资规模基本可以忽略不计。

即使在2014—2015年美联储加息预期强烈及美联储升息的背景下，中国仍然没有改变对美国短期债券的投资策略，这与其他发达国家的投资者形成了鲜明反差。西方发达国家的投资者对美国短期债券的投资兴趣远远高于中国，短期债券占其资产组合的比重通常较高。2014年12月底至2015年10月期间，除中国以外的美国债券的外国投资者持有的短期国债、短期公司债占其持有的国债、公司债的平均比例分别约为13.5%、6.9%。

2015年前11个月，中国持有的美国国债的绝对规模基本上呈现小幅增长的态势，由2014年12月的12443亿美元升至2015年11月的12645亿美元，净增持202亿美元，增长了1.6%。由于中国较明显减持了股票等风险较高的资产，美国国债占中国持有的美国金融资产的比例明显上升，由2014年年末的65.8%上升至2015年10月的68.3%，提高了2.5个百分点。同时，由于同期中国外汇储备规模的较明显下降，中国持有的美国国债占外汇储备的比例显著上升，由2014年年末的32.4%升至2015年11月底的36.8%，上升了4.4个百分点（见图4）。

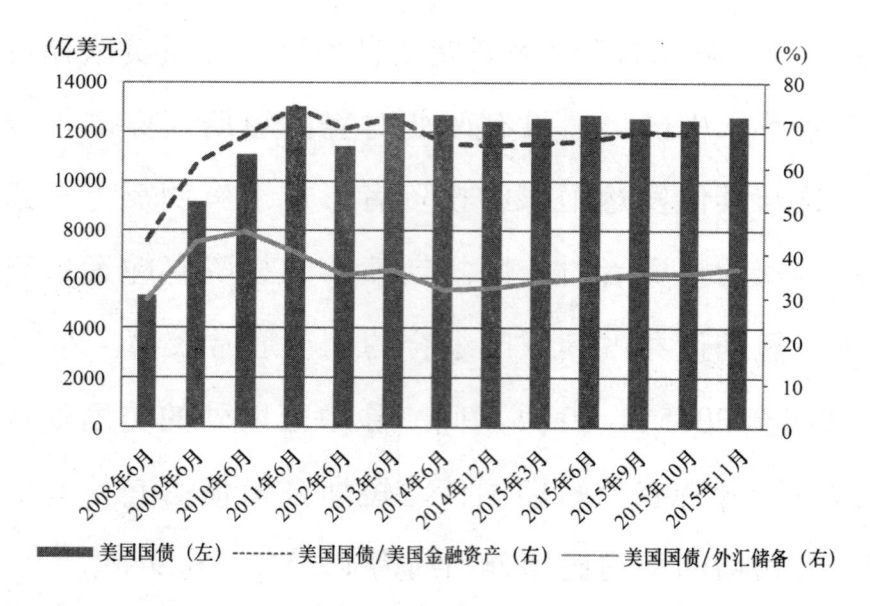

图 4　中国购买的美国国债及占中国持有的外汇储备、美国金融资产的比例

资料来源：美国财政部。

中国外汇储备币种多元化进程放缓，美元资产的比重止跌回升。如图 5 显示，2009 年 6 月底以来，中国持有美国金融资产规模占外汇储备的比重呈稳步下降的态势，但这一趋势在 2014 年下半年开始逆转，美元资产的比重在 2015 年出现明显的回升态势。美元资产占外汇储备的比重由 2009 年 6 月末的峰值水平 70.1% 降至 2014 年 6 月末的谷底水平 48.3%，随后稳步回升至 2015 年 10 月末的 52.1%。在 2015 年前 10 个月，美元资产占外汇储备的比重稳步上升，累计上升 2.9 个百分点（见图 5）。显然，美元资产比重显著上升与近年来美元强劲升值，日元、欧元大幅贬值密切相关。

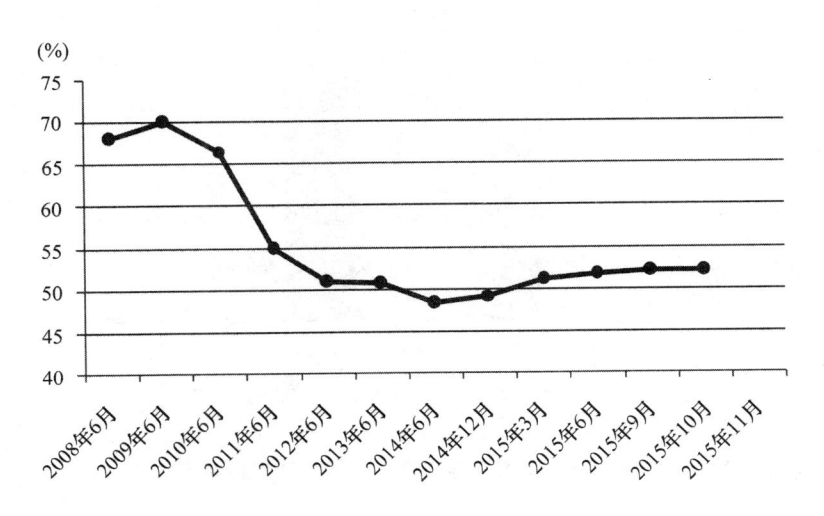

图5 中国持有的美元资产占外汇储备的比例

资料来源：美国财政部、中国人民银行。

中国继续保持美国证券资产市场最大的外国投资者地位。2015年前11个月，中国对美国证券投资占外国对美证券投资的比重总体上有小幅回落，由2014年年底的10.6%微降至2015年10月末的10.5%。从证券品种看，中国投资的机构债、股票和公司债的比例有所下降，而国债的持有比例小幅上升。2015年10月底，中国投资的机构债的占比最高，达23.2%，国债其次，占20.7%，股票第三，占4.4%，公司债的份额最低，仅为0.6%

（见图6）。

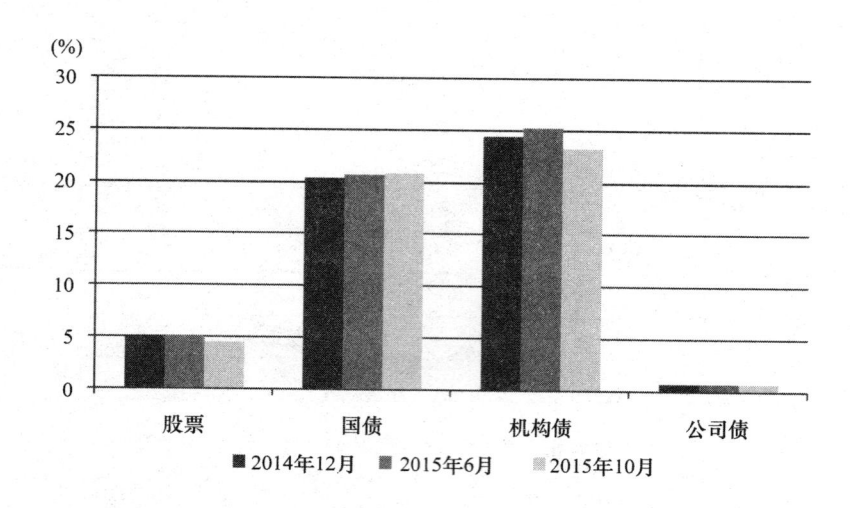

图6 中国持有的美国证券资产占外国投资者持有量的比例

资料来源：美国财政部。

三 外汇储备运用创新举措——外汇储备投资平台公司注资金融机构

注资国有金融机构和多边开发性金融机构是外汇储备资产运用的一个重要途径。2015年，中国外汇储备先后注资了金砖国家新开发银行、国家开发银行、中国进出口银行、丝路基金和亚洲基础设施投资银行。在国家开发银行、中国进出口银行和丝路基金的注资方式选择上，中国人民银行的一个重要创新是通过外汇储备的投资平台公司——梧桐树投资平台有限责任公司来实现注资。

2015年7月15日、7月20日，国家外汇储备管理局通过其投资平台公司梧桐树投资平台有限责任公司，向国家开发银行、中国进出口银行分别注资480亿美元、450亿美元。此次注资之后，国开行注册资本金由3067亿元增加至4212亿元，所有者权益从6676亿元增加至9863亿元，财政部、中央汇金公司、外汇储备投资平台公司和社保基金持股比例分别为36.54%、34.68%、27.19%和1.59%；中国进出口银行注册资本由50亿元增加至1500亿元，所有者权益从282亿元增加至3085亿元，财政部、外汇储备投资平台公司出资占比分别为10.74%、89.26%。通过此次外汇储备注资，国家外汇管理局（中国人民银行）事实上成为中国进出口银行的绝对控股股东、国家开发银行的第三大股东。

同时，国家外汇管理局通过外汇储备注资丝路基金获取其控股权。实际上，丝路基金是在中国人民银行的主导下设立的，国家外汇管理局获取其控股权似乎是理所当然。丝路基金的资本金为400亿美元，首期资本金为100亿美元。其中，外汇储备出资65亿美元（通过梧桐树投资平台有限责任公司），中国投资公司、中国进出口银行、国家开发银行（国开金融有限责任公司）分别出资15亿美元、15亿美元和5亿美元。从而，梧桐树投资公司（国家外汇管理局）获得了丝路基金65%的股权。

外汇储备投资平台公司注资国有金融机构这一方式的特色之处在于，外汇储备投资平台公司而不是国家外汇管理局或中国人民银行直接持有金融机构的股权，从技术层面上绕开了中央银行一般不作为金融机构股东的国际通行的共识和做法，其通常由财政部作为国家代表持有国有金融机构的股权。不过，中国人民银行通过注资事实上获取了中国进出口银行、丝路基金的绝对控股权，以及国家开发银行的部分控股权。

通过外汇储备投资平台公司的注资方式可能与中国现行的外汇储备管理体制较为适应。在西方国家，外汇储备管理多数由财政部主导、中央银行负责具体实施。中国的外汇储备管理实行"一元"体制，由中国人民银行的下属机构国家外汇管理局独家负责外汇管理的经营管理。这种注资方式有两个优点：一是充分利用和发挥国家外汇管理局在外汇储备资产管理方面的经验与能力。财政部一般较少参与国有金融资产的经营管理，其管理金融资产的能力要明显弱于国家外汇管理局。二是简化了外汇储备注资金融机构的财务操作和记账程序。在外汇储备投资平台公司注资国有金融机构的情形下，投资平台公司作为被注资金融机构的新股东，所注入的资本仍然属于外汇储备，注资后央行的资产负债表不会发生任何变化，变化的仅是外汇储备内部的资产结构。若要财政部作为新注资国有金融机构的股东，外汇储备注资对央行资产负债表的影响较为复杂。财政部需要通过发行特别国债方式来向央行借取外汇储备，而且，财政部还不能直接向央行发行债券，需要借道其商业性金融机构，因为央行不能直接购买财政部发行的债券，否则便是财政透支行为。例如，外汇储备注资中国投资公司时，财政部曾通过中国农业银行向央行发行特别国债的方式借取外汇储备，且财政部还需要向央行支付国债利息。

但是，外汇储备投资平台公司注资国有金融机构的方式也不可避免地存在一些缺陷。具体体现在：一是中国人民银行事实上成为国有金融机构的股东甚至是绝对控股股东，这与中央银行相对超脱性的制定货币政策、实施金融稳定与监管的职能可能存在一些潜在冲突，不利于提升央行的独立性。二是外汇储备投资方式和国有金融机构股东的投资行为方式存在较大差异，且外汇管理局管理着庞大的外汇储备资产，可能缺乏足够的精力行使股东的职能，对所注资国有金融机构的监督约束可能不够到位。三是国有金融资产管理体制部分退回至中国投资公司成立前的中央汇金公司模式。自财政部通过发行特别国债方式，将中央汇金公司从中国人民银行转移至中国投资公司后，中国人民银行便不再持有金融机构的股权。通过此次注资国有金融机构，外汇储备投资平台公司很可能成为中国投资公司成立之前的中央汇金公司。

四　中国外汇储备的充足性估计

近来，外汇储备的大幅下跌，引起国内社会关于外汇储备是否充足的关注。所谓"此一时，彼一时"。在最近10年，外汇储备的过快增长一直是中国货币当局面临的一个棘手问题。然而，在当前人民币贬值和资本外流的压力持续存在的情形下，中国现在似乎要开始考虑外汇储备可能不足的问题了。作为一个大型发展中新兴经济体，中国显然需要保持足够的外汇储备，来维持人民币汇率的稳定运行，防范潜在的国际收支危机。

我们可根据目前流行的拇指法则来估算中国外汇储备的最优规模。在衡量新兴经济体外汇储备的充足性或最优规模方面，有一些得到广泛认可的拇指法则。最为传统的拇指法则是衡量一国外汇储备规模能否覆盖3个月的进口。运用最为广泛的 Greenspan – Guidotti 法则考察一国外汇储备能否完全覆盖其短期外债。Wijnholds 和 Kapteyn 提议将 M2 的 20% 作为衡量外汇储备充足性的指标之一。他们认为，广义货币 M2 可代表一国流动性资产的规模，而流动性资产在金融危机时易于兑换成外币资产而逃向境外[①]。考虑到中国目前对资本项目仍能实行有效的资本管制，中国的金融系统是由银行部门主导的，且四大国有商业银行又主导着中国的商业银行系统，从而，中国发生资本外逃风险显著低于那些外汇储备规模较低、资本账户管制较松的新兴经济体。因此，

---

① Wijnholds J. Beaufort and Arend Kapteyn, "Reserve Adequacy in Emerging Market Economies", IMF Working Paper, September 2001.

在考察中国外汇储备的最优规模时，我们选择 M2 指标的权重是 5% 而不是流行的 20%。

表3　　　　　中国外汇储备的最优额及过剩额　　　　单位：亿美元

	短期外债	3个月进口额	5%×M2	储备最优额	储备过剩额
2005年	1720	1650	1829	5199	2990
2006年	1990	1980	2210	6180	4483
2007年	2360	2390	2737	7487	7796
2008年	2260	2830	3468	8558	10902
2009年	2590	2510	4467	9567	14425
2010年	3760	3490	5458	12708	15765
2011年	5010	4360	6705	16075	15737
2012年	5409	4543	7818	17770	15346
2013年	6766	4873	9115	20754	17459
2014年	6834	4898	9922	21654	16776
2015年	10235	4205	10793	25233	8071

注：短期外债为2015年9月末的数据。

资料来源：CEIC 和 IIS。

在过去的 10 余年间，随着中国经济开放度的不断提升和"双顺差"的长期存在，中国外汇储备的最优额和过剩额持续增长，然而近两年来，中国外汇储备的增长失速和大幅下降，导致外汇储备过剩规模显著下降。如表3所示，2005—2013年，随着中国经济开放度的快速提升和货币发行规模的迅速扩大，中国对外汇储备的交易性需求和预防性需求持续上升，年均增长率高达19.1%，但中国外汇储备的积累速度显著超过最优外汇储备规模的增长速度，其年均增速达21.2%，导致中国外汇储备实际规模大幅超过了最优额，存在大量过剩，且过剩的外汇储备额基本呈连续增长的态势，其年均增长率达25.7%。2013年，中国外汇储备的最优规模为20754亿美元，而过剩的外汇储备额高达17459亿美元，为历史性峰值水平。

2014年，外汇储备增长势头缓慢下降，而最优外汇储备规模继续稳定增长，导致超额外汇储备的规模下降了683亿美元。2015年，由于外汇储备规模的大幅下跌，短期外债水平的快速增加，导致超额外汇储备规模由上年的16776亿美元大幅下跌至8071亿美元，下降了51.9%。尽管如此，中国的外汇储备规模仍然远超由交易需求和预防需求所决定的最优水平。从而，中国外汇储备的管理思路应在继续坚持安全性、流动性原则的同时，更为强调收益性。

五　展望与政策建议

考虑到人民币相对于美元的贬值压力仍会持续一段时间，国内企业和居民较为旺盛的美元需求将会继续，资本外流压力持续存在，未来一段时间中国的外汇储备规模和超额外汇储备的规模预计会继续下降。当然，这对中国货币当局不完全是坏事。中国可借机推进外汇储备的多元化，减轻外汇储备的经营管理压力。当然，外汇储备的最优规模是一个动态概念。随着人民币汇率弹性的不断增强，以及人民币国际地位的日益提高，国际投资者对中国经济的信心会逐步提升，未来中国的外汇储备需求将有望下降，不需要继续持有数万亿美元的外汇储备。

鉴于中国外汇储备的绝大部分配置于高流动性的欧美等发达国家的政府债券，外汇储备可完全满足中央银行外汇市场干预的流动性需要，以及外汇储备的实际规模仍远超由交易需求和预防需求所决定的最优水平，中国外汇储备的管理思路应在继续坚持安全性、流动性原则的同时，更为强调收益性，创新使用途径。具体而言，在储备资产的币种选择上，由于美元相对于欧元、日元等货币已大幅升值，未来升值空间受阻，中国可适当增持欧元资产。需要注意的是，"一带一路"虽为外汇储备的创新运用创造了良好契机，但"一带一路"沿线国家的投资风险偏高，相关部门和企业在做投资决策时需要高度冷静理性，认真做好前期尽职调查和预期回报分析，切不可机械地以宏观政治导向代替微观项目可行性分析，尽量减少外汇储备资产的投资损失。

专题 1

中国面临的短期资本外流：
现状、原因、风险与对策[*]

摘　要

从 2014 年第 2 季度至今，中国开始面临短期资本持续外流的新局面。本专题从国际收支表数据与银行跨境收付数据这两种视角分析了短期资本外流状况，发现本轮短期资本外流由本国居民与外国居民共同主导，而本国居民又由企业部门而非家庭部门主导。造成本轮短期资本外流的主要因素包括人民币兑美元贬值预期的形成、

---

[*] 本专题已发表于《金融评论》2015 年第 3 期，作者为张明。张明为中国社会科学院世界经济与政治研究所国际投资研究室主任、研究员。研究领域为国际金融与宏观经济。本专题的写作受到国家万人计划首批青年拔尖人才支持计划"中国政府应如何系统地管理短期国际资本流动"的资助。

中美经济增速以及中美利差的收窄、全球投资者风险偏好程度的下降、中国房地产市场的下行以及中国政府资本账户开放进程的加快等。本专题的估算表明，未来在不利情景下，中国面临的短期资本流出的规模可能达到5.13万亿美元，显著超过中国外汇储备存量，相当于中国2014年GDP的50%。短期资本外流的加剧可能成为触发中国金融系统性危机的重要因素。为更好地应对短期资本外流风险，中国政府应该更加审慎地开放资本账户、尽快建立健全宏观审慎监管与微观审慎监管框架、在保证经济适度增长前提下加快结构调整、加快人民币汇率形成机制改革以避免本币持续高估。

一 引言

继1998年之后，中国在2012年首次迎来了资本与金融账户逆差，这意味着持续10余年的国际收支双顺差格局被打破。尽管2014年全年中国仍维持着资本与金融账户的小幅顺差，但在2014年的后3个季度均出现了资本与金融账户逆差，该逆差在2015年第1季度显著扩大。这表明中国从2014年第2季度起开始面临跨境资本外流，特别是短期资本外流的新局面。

笔者认为，中国在过去面临的短期资本持续流入的格局已经基本终结。在未来一段时间内，中国可能面临短期资本大进大出的新形势。而在特定情形下，中国可能面临短期资本大举流出的情况，而这将会严重损害中国金融体系的稳定性，如果应对不当的话，甚至可能产生系统性金融危机。

笔者试图廓清当前中国面临的短期资本外流的现状及其原因、分析潜在短期资本外流的可能规模及其危害，并给出如何应对短期资本外流加剧的政策建议。本专题剩余部分的结构安排如下：第二部分与第三部分分别从国际收支表与银行跨境收付数据的角度来梳理当前短期资本外流的状况及背后的主导力量；[①] 第四部分分析当前短期资本外流的主要原因；第五部分展望潜在短期资本外流加剧可能造成的风险；第六部分为简要的结论，以及提供中国政府如何应对短期资本外流的政策建议。

[①] 张明与匡可可提出了如何综合运用季度国际收支表与月度银行跨境收付数据来研判中国面临的跨境资本流动的分析框架。本专题沿用了这一框架，并进行了一定的改进。张明、匡可可：《中国面临的跨境资本流动：基于两种视角的分析》，《上海金融》2015年第4期。

二 近期短期资本外流状况：
基于国际收支表的分析

图1展示了1982—2014年中国的年度国际收支状况。从图中可以看出，1999—2011年，中国出现了连续13年的国际收支双顺差，也即经常账户顺差和资本与金融账户顺差的组合。国际收支持续双顺差的自然结果，是储备资产的快速增长。1993—2014年，中国储备资产连续22年呈现正增长态势，这22年储备资产流量累计增长3.95万亿美元。[①] 然而，中国的国际收支结构在2008年全球金融危机爆发前后发生了重要变化。如图1所示，在2009年之前，中国的经常账户顺差规模显著超过资本与金融账户顺差规模，换言之，储备资产增长的主要来源是经常账户顺差。而从2009年起，经常账户顺差显著下降，资本与金融账户顺差显著上升，以至于在2010年、2011年与2013年，资本与金融账户顺差超过

---

① 国际收支表上的储备资产属于流量概念，不包含存量资产的估值效应。而中国人民银行发布的储备资产月度数据则包含了存量资产的估值效应。

经常账户顺差，成为储备资产增长的主要来源。然而与此同时，资本与金融账户余额的波动性也显著增强。例如，在 2012 年，资本与金融账户出现逆差，终结了中国连续 13 年的国际收支持续双顺差格局。又如，2014 年中国的资本与金融账户顺差仅为 382 亿美元，远低于 2013 年的 3461 亿美元。

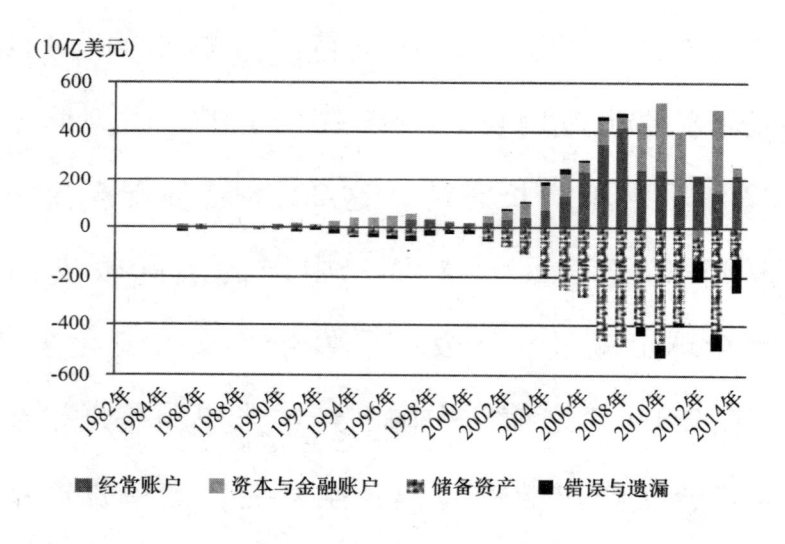

图 1 中国的年度国际收支状况

注：根据国际收支表编制规则，储备资产数据为负，表示储备资产增长，反之亦然。

资料来源：CEIC。

考虑到年度数据为低频数据，有时候掩盖了季度之间的变动趋势，因此有必要分析更加高频的季度国际收支数据。图2展示了2007年第1季度至2015年第1季度中国的季度国际收支状况。如果比较图2与图1，可以发现，前者揭示了2014年以来一些关于国际资本流动的最新情况：第一，从2014年第2季度至2015年第1季度，中国已经出现持续4个季度的资本与金融账户逆差，这4个季度的资本与金融账户逆差累计为1539亿美元，其中仅2015年第1季度就高达981亿美元；第二，在2014年第2季度至2015年第1季度，中国也出现了持续4个季度的错误与遗漏项净流出。更重要的是，与之前相比，错误与遗漏项净流出的规模显著放大了。例如，在2007年第1季度至2013年第4季度期间发生了错误与遗漏项净流出的季度中，平均每个季度的错误与遗漏项净流出规模为207亿美元。而2014年第2季度至2015年第1季度，错误与遗漏项的净流出规模平均达到556亿美元。第三，一般认为，资本与金融账户统计了合法的跨境资本流动，而错误与遗漏项则在真正的错误与遗漏之外，反映了官方统计口径之外的地下资本流动。那么2014年第2季度至2015年第1季度的国际收支状况，则反映了在这一时间内，无论是合法的跨境资本流动还是地下资本流动，都出现了资本持续较大规模外流的局面。这种资本与金融账户、错误与遗漏项同时连续4个季度发生净流出的现象，在过去还从未出现过。第四，作为上述资本持续外流的结果，储备资产在2014年第3季度至2015年第1季度期间出现连续3个季度的负增长，这一状况也是过去从未出现的（2012年第2季度、第3季度，中国外汇储备资产曾经出现连续两个季度的负增长）。

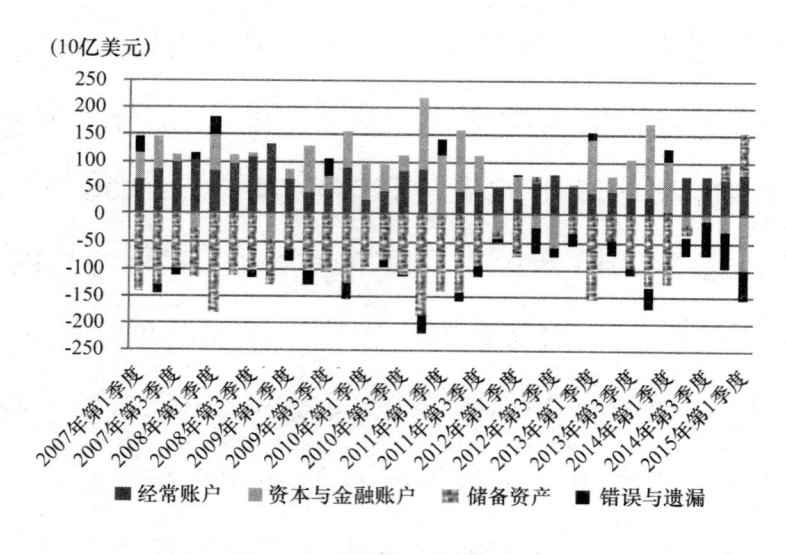

图2　中国的季度国际收支状况

注：根据国际收支表编制规则，储备资产数据为负，表示储备资产增长，反之亦然。

资料来源：CEIC。

从上述分析中可以看出，自2014年以来，中国的跨境资本流动的确出现了一些新的趋势性变化。要更加深入地观察这种变化,就有必要更加细致地研究中国国际收支表中资本与金融账户的变化。由于在中国的国际收支表中,资本账户的规模(2005—2014年年均余额为36亿美元)远低于金融账户的规模(2005—2014年年均余额为1347亿美元),因此,笔者在下面将重点分析中国金融账户的变化。图3展示了中国季度国际收支表中金融账户子项的变动状况,从中不难看出:第一,中国的直接投资余额持续为正且相对稳定,在2007年第1季度至2015年第1季度这33个季度中的季度平均余额为428亿美元;第二,中国的证券投资波动性稍大(过去33个季度中有5个季度为负),但规模相对较小(过去33个季度平均余额为90亿美元);第三,中国的其他投资波动性最大(过去33个季度中有18个季度为负),且规模也相对最大(在15个净流入的季度中平均规模为328亿美元,在18个净流出的季度中平均规模为-604亿美元);第四,其他投资项净流出具有明显的规律性。在图3中出现了3次较为集中的其他投资项净流出。第一次发生在2007年第3季度至2008年第4季度之间,这是美国次贷危机爆发的时期。第二次发生在2011年第4季度至2012年第4季度之间,这是欧洲主权债务危机集中爆发的时期。第三次发生在 2014 年第 2 季度至 2015 年第 1 季度之间。不难看出,在 2014 年第 2 季度至 2015 年第 1 季度出现持续的资本与金融账户逆差的原因,恰好是同期内出现了规模不断上升的其他投资净流出。尤其是 2014 年第 4 季度与 2015 年第 1 季度,这两个季度的其他投资净流出均超过 1000 亿美元,接连创出历史新高。

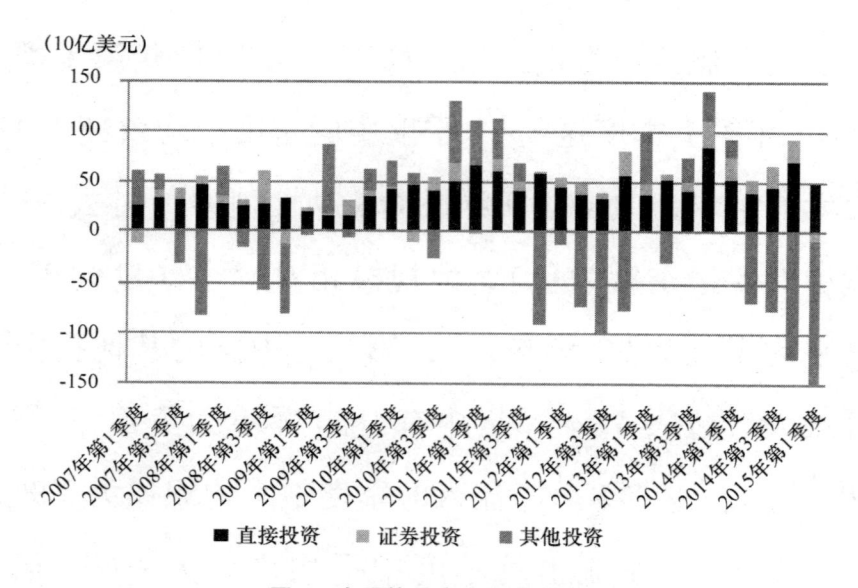

图 3 中国的季度金融账户子项

资料来源:CEIC。

为更深入地理解其他投资的变动,笔者在图 4 中列示了中国季度国际收支表中其他投资子项的各子项。从中不难看出,至少在 2012 年与 2014 年的这两波其他投资净流出浪潮中，主导其他投资变化的主要是贷款以及货币与存款这两个子项的变动。例如，在2011年第4季度至2012年第4季度期间，季均金融账户逆差为705亿美元，其中季均贷款子项净流出达到186亿美元，季均货币与存款子项净流出达到518亿美元。再如，在2014年第2季度至2015年第1季度期间，季均金融账户逆差为1026亿美元，其中季均贷款子项净流出达到555亿美元，季均货币与存款子项净流出达到257亿美元。

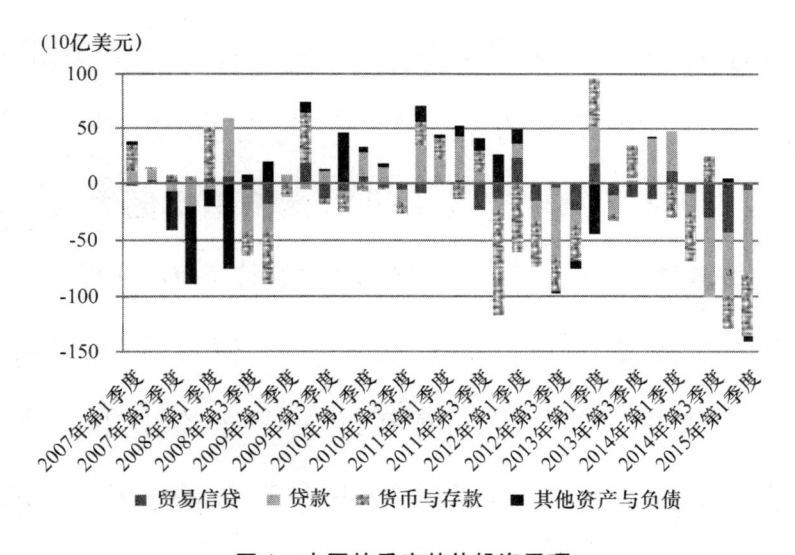

图4 中国的季度其他投资子项

注："其他资产与负债"子项为《国际收支与国际投资头寸手册第六版》中的其他股权、保险和养老金、其他应收款与其他应付款等子项之和。

资料来源：CEIC以及作者的计算。

在图5中，笔者进一步从资产方与负债方来探究其他投资细项中贷款和货币与存款这两个子项的变动。在国际收支表中，资产方指本国居民对外资金流动，因此一般为负值，而负债方指外国居民对内资金流动，因此一般为正值。从图5中可以发现，首先，在2007—2008年、2011—2012年、2014—2015年这三波其他投资净流出中，贷款子项负债方都由显著为正变为显著为负，这意味着外国居民对本国居民提供的贷款发生了显著收缩，这既可能是国外贷款人提前收回了资金，也可能是由于国内借款人提前偿还了款项。其次，在上述三波其他投资净流出中，货币与存款子项资产方的流出额都曾经显著放大（2008年第4季度流出额突破400亿美元；2011年第4季度与2014年第2季度均突破600亿美元），这表明本国居民货币与存款资金外流规模在上述期间都显著放大。再次，在上述三波其他投资净流出中，货币与存款子项负债方也都由显著为正变为负值，但由正转负的幅度要显著低于贷款子项负债方。最后，相比之下，贷款子项资产方较为稳定，波动性较小。综上所述，在其他投资子项发生显著净流出时，贷款和货币与存款子项通常扮演着重要角色。然而，不同的是，贷款子项的净流出由外国居民主导(境外贷款扩张变为境外贷款收缩),而货币与存款子项的净流出则由本国居民主导(本国居民存款资金外流显著放大)。

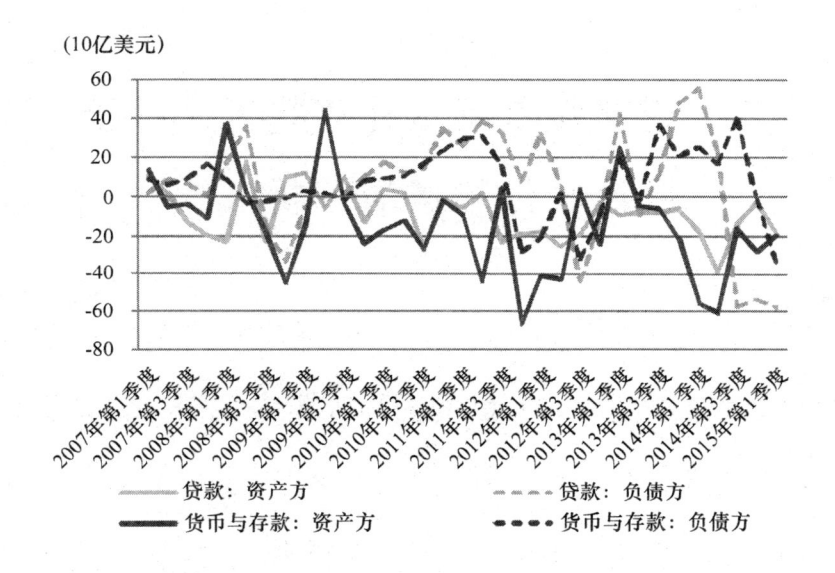

图5 从资产方与负债方来审视贷款和货币与存款子项的变动

注:资产方为本国资金对外流动,在国际收支表中一般为负值;负债方为外国资金对内流动,在国际收支表中一般为正值。

资料来源:CEIC。

总结一下从国际收支表视角反映的近期跨境资本流动变化,主要结论包括:第一,从2014年第2季度至今,中国出现了持续的跨境资本外流;第二,在这一波跨境资本外流中,其他投资子项外流是最重要的原因,也即短期跨境债权债务类资金出现了持续净外流；第三，贷款子项和货币与存款子项的净外流是其他投资子项净外流最重要的原因；第四，贷款子项净外流由外国居民主导，而货币与存款子项净外流则由中国居民主导。

三　近期短期资本外流状况：基于银行收付数据的分析

国际收支表的数据尽管更为全面翔实，但可惜中国央行目前只发布季度而非月度的国际收支表数据，要想分析更加高频的跨境资本流动，就需要求助银行层面的数据。事实上，银行层面的两套数据（代客涉外收支数据与代客结售汇数据）能够帮助笔者从另一个视角来观察跨境资本流动状况。有趣的是，从银行月度数据视角，笔者可以观察到居民、非金融企业与银行等不同部门的资产或负债调整行为。

图6展示了2010年1月至2015年5月的中国境内银行代客涉外收支状况。从中可以看出，在2012年8—10月、2013年6—7月、2014年8—12月，以及2015年3—4月这四个阶段，境内银行代客涉外收支状况出现了逆差，这意味着在居民与非金融企业层面出现了跨境资金净流

出。不难发现，上述跨境资本净流出的时间段，与国际收支表资本与金融账户出现逆差的时间段是大致对应的。中国政府还公布了分币种的银行代客涉外收支数据。从图6中可以看出：第一，迄今为止，银行代客涉外人民币收支的规模仍显著低于涉外外币收支规模，但这一差距正在缩小；第二，由于涉外人民币收支差额与涉外外币收支差额似乎存在较强的负相关性，造成的结果是涉外外币收支差额的波动幅度通常要比涉外总体收支差额的波动幅度更大一些。例如，在上述发生净流出的四个时期，涉外外币收支逆差均要大于涉外总体收支逆差。

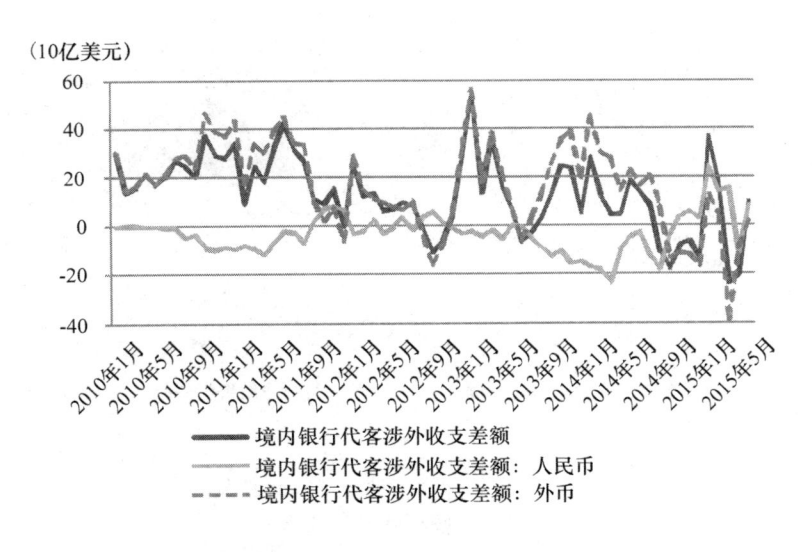

图6 境内银行代客涉外收支状况

资料来源：CEIC。

银行结售汇数据包括银行自身结售汇数据与银行代客结售汇数据。如图7所示，除极个别时期（例如2013年1月），银行自身结售汇规模均显著低于银行代客结售汇规模，因此笔者主要分析银行代客结售汇数据的变动。如图7所示，在2011年11—12月、2012年的4月、6月、8月以及2014年9月至2015年4月期间，银行代客结售汇出现逆差，这意味着居民与非金融企业在净购买外汇。而在其他时期，居民与非金融企业在净出售外汇。通常来讲，居民与非金融企业是净购买外汇还是净出售外汇，除了与当时的进出口状况相关外，主要与人民币

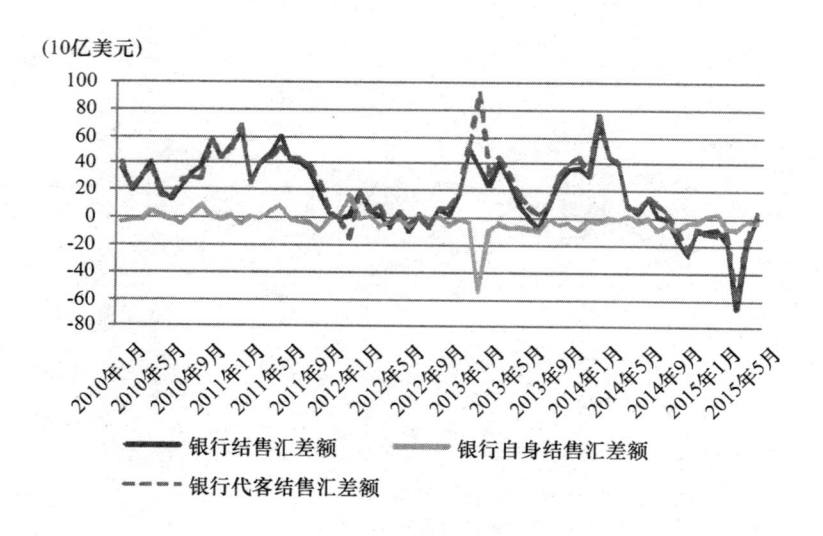

图7 银行结售汇状况

资料来源：CEIC。

兑美元的变动预期相关。当市场存在人民币兑美元升值预期时，居民与非金融企业倾向于净出售外汇，银行代客结售汇出现顺差；相反，当市场存在人民币兑美元贬值预期时，居民与非金融企业倾向于净购买外汇，银行代客结售汇则会出现逆差。

笔者还通过比较银行代客涉外收支差额（外币）与银行代客结售汇差额来分析居民与非金融企业持有外汇的意愿。如图8所示，在大多数时期，银行代客结售汇差额要高于银行代客涉外收支差额（外币），这意味居民与非金融企业在这些时期内出售的外汇资产超过了同期内其通过跨境交易获得的外汇资产，这种行为主要是受到人民币兑美元升值预期的驱动。与之相反，在少数时期（2010年5—7月、2011年6月、2011年11月至2012年8月、2013年8月、2014年4—8月、2014年10月以及2015年1—4月），银行代客结售汇差额却低于银行代客涉外收支差额（外币），这意味居民与非金融企业在这些时期内出售的外汇资产低于同期内其通过跨境交易获得的外汇资产，这说明随着人民币兑美元升值预期逆转为贬值预期，居民与非金融企业更加倾向于持有外币资产，"藏汇于民"的格局开始形成。

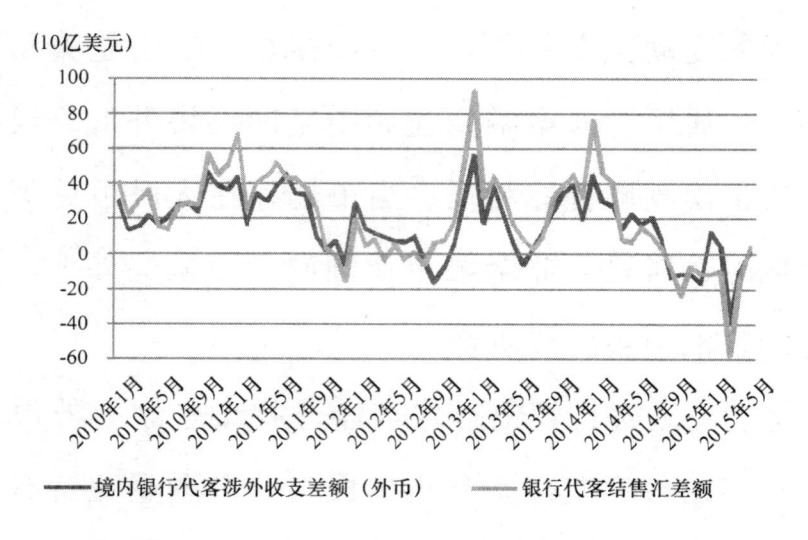

图 8 银行代客涉外收支状况与银行代客结售汇状况的比较

资料来源：CEIC。

事实上，除了银行代客收付数据与银行代客结售汇数据之外，笔者还通过中国银行体系的外汇存贷款数据变动对居民与非金融企业持有外汇资产或负债意愿的变动进行了分析。如图 9 所示，最近 5 年内，中国外汇贷款同比增速出现阶段性下降，由 2010 年年初的 70% 以上，逐渐下降至 2015 年 5 月的接近零增长。外汇存款同比增速呈现出较强的周期性波动特征，在 2012 年中期与 2014 年中期达到两次高峰。事实上，如前所述，在 2012 年与 2014 年，中国面临两波短期资本的集中流出。此外，外汇贷款同比增速与外汇存款同比增速之间，存在较为强烈的反相关。

事实上，外汇存款与贷款的变动也与人民币升值预期密切相关。当市场上存在较强的人民币升值预期时，居民与非金融企业将会进行"资产本币化、负债外币化"操作，这将导致外币存款增速下降、外币贷款增速上升；反之，当市场上存在较强的人民币贬值预期时，居民与非金融企业将会进行"资产外币化、负债本币化"操作，这将导致外币存款增速上升、外币贷款增速下降。

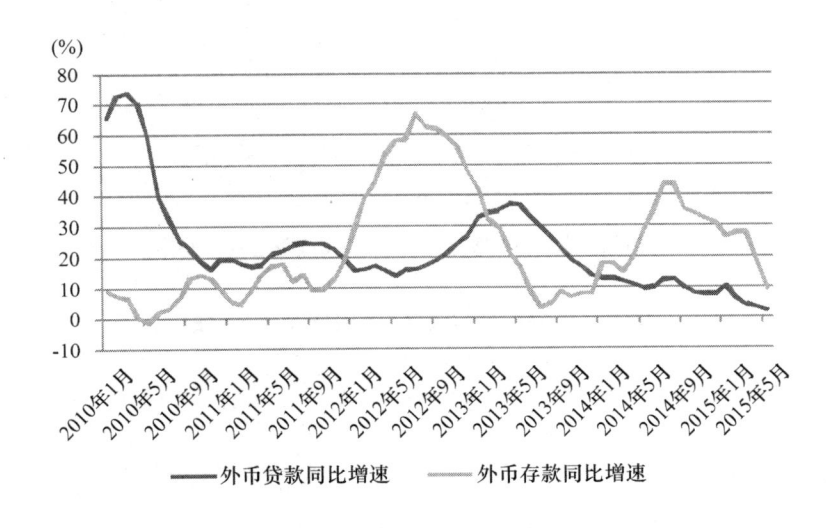

图9　外汇存贷款同比增速

资料来源：CEIC。

如图10所示，中国企业外币存款的波动性要显著高于居民外币存款（即外币储蓄存款）的波动性。此外，从存量来看，2014年12月底的企业外币存款达到4220亿美元，而同期的外币储蓄存款仅为741亿美元。这就意味着，中国外币存款的变动主要源自非金融企业的资产调整行为。

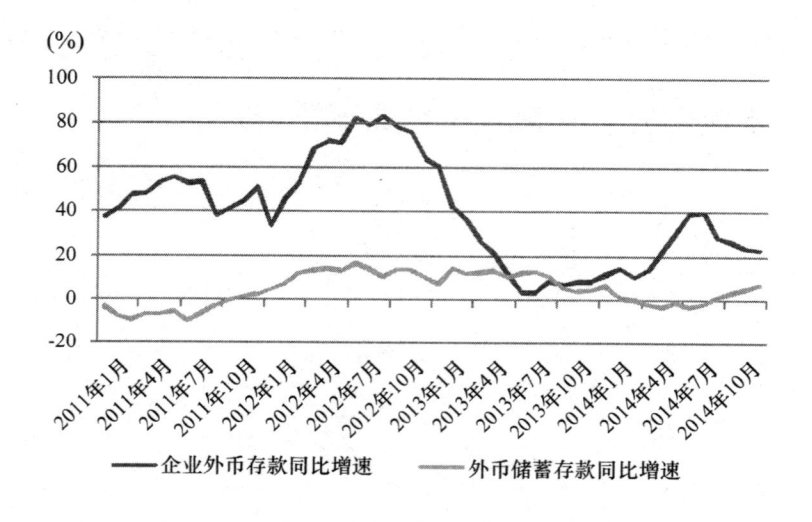

图10 企业外币存款与居民外币存款的变动

资料来源：CEIC。

总结一下从银行跨境收付数据反映的近期跨境资本流动变化，主要结论包括：第一，在2014年下半年至2015年上半年期间，中国出现了跨境资金的持续流出；第二，在跨境资金持续流出期间，居民与非金融企业持有外币的意愿显著增强，导致银行代客结售汇差额持续低于银行代客涉外收支差额;第三,在跨境资金持续流出期间,发生了外币贷款同比增速显著下行、外币存款同比增速显著上行的现象,表明居民与非金融企业在进行"资产外币化、负债本币化"的财务操作;第四,居民与企业的上述行为均与人民币兑美元贬值预期的出现密切相关;第五,从外币存款的变动来看,其波动性主要来自非金融企业的行为变化,而非源自居民的行为变化。

四 导致近期短期资本外流的原因

迄今为止有大量的国内外文献研究跨境资本流动的驱动因素,笔者所在团队就此也进行了持续的研究。张明与肖立晟在对2000年第1季度至2012年第3季度52个经济体的面板研究中发现,对新兴市场经济体而言,本国经济增长率是吸引国际资本流入的最重要劳动因素,而全球风险偏好与美国经济增长率是跨境资本流动最重要的推动因素[1]。本国经济增长率越高、美国经济增长率越低、全球风险偏好越高,新兴市场国家面临的资本流

---

[1] 张明、肖立晟:《国际资本流动的驱动因素:新兴市场与发达经济体的比较》,《世界经济》2014年第8期。

入规模越大，反之亦然。张明与谭小芬研究了2000年1月至2012年6月中国短期资本流动的主要驱动因素[①]。结果发现：第一，人民币升值预期是吸引短期资本流入的最重要因素；第二，中外利差仅能在短期内吸引短期资本流入；第三，国内股价上升是比国内房价上升更重要的吸引短期资本流入的因素；第四，中国经济增速在一定时滞后也会影响短期资本流动。结合这两篇文献，笔者认为，导致2014年第2季度以来短期资本持续外流的主要原因包括以下几个方面。

1. 人民币兑美元升值预期逆转为贬值预期

自2005年7月中国央行启动人民币汇率形成机制改革以来，人民币兑主要国际货币均显著升值。例如，2005年6月底至2015年5月底这10年间，人民币兑美元、欧元、日元的升值幅度分别达到26%、32%与34%。同期内，人民币名义有效汇率指数与实际有效汇率指数更是分别升值了44%与55%。[②] 过去10年内人民币汇率的持续快速升值，已经从根本上改变了人民币有

[①] 张明、谭小芬：《中国短期资本流动的主要驱动因素：2000—2012》，《世界经济》2013年第11期。

[②] 上述数据系笔者根据CEIC数据库中中国外汇管理局与BIS提供的双边汇率与有效汇率数据进行计算的结果。

效汇率低估的基本面。2007年,中国经常账户顺差占GDP的比率超过10%,这意味着人民币有效汇率存在显著低估。然而,2011—2014年,中国经常账户顺差占GDP比率已经持续低于3%,这意味着人民币有效汇率已经相当接近于均衡汇率水平。事实上,从2013年第2季度美联储宣布考虑退出量化宽松起,美元兑全球主要货币呈现出强劲升值态势,而由于人民币兑美元汇率基本保持稳定,导致人民币跟随美元,兑欧元、日元等发达国家货币以及其他新兴市场货币显著升值。2013年以来人民币有效汇率的强劲升值无疑会显著影响中国的出口增长。例如,王宇哲与张明的研究表明,在控制了外需变化之后,如果人民币汇率基本盯住美元,那么人民币的名义有效汇率每升值1%,中国的出口量将会下降1.28%或1.62%[①]。事实上,在2015年的前5个月内,有4个月出现了出口同比负增长。事实上,从2014年第2季度以来,外汇市场上已经出现了持续的人民币兑美元贬值预期。由于目前中国央行依然控制着人民币兑美元汇率的每日中间价,这就造成人民币兑美元的中间价与市场价之间存在显著差距。如果人民

---

① 王宇哲、张明:《人民币升值究竟对中国出口影响几何》,《金融研究》2014年第3期。

币兑美元的市场价显著低于中间价，这就意味着市场上存在人民币兑美元贬值预期，以至于中国央行不得不通过干预中间价的方式来维持人民币汇率稳定，反之亦然。如图11所示，从2014年3月起，人民币兑美元汇率市场价，开始由之前持续高于中间价的状态，转变为持续低于中间价。这意味着人民币兑美元汇率的运动预期，从2014年3月起由升值预期转为贬值预期。人民币兑美元贬值预期的产生，自然会导致短期资本流出中国。不难看出，2014年3月人民币兑美元贬值预期的产生，与2014年第2季度起的短期资本流出，在时点上是基本重合的。

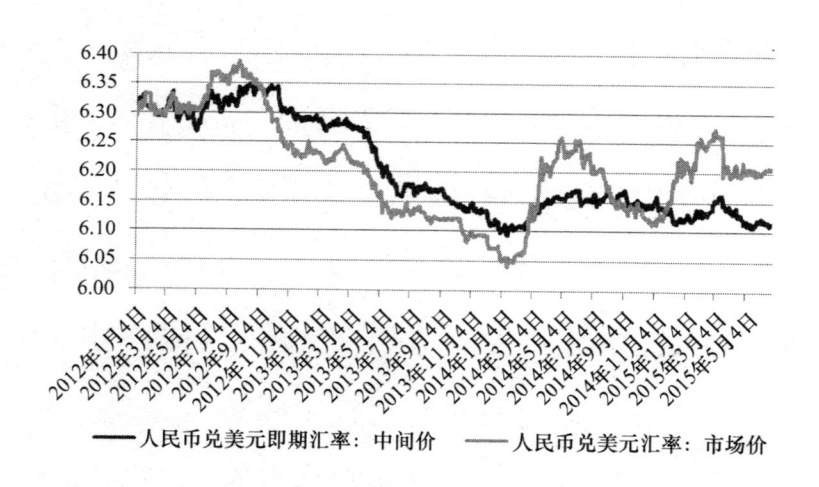

图11　人民币兑美元升值预期的变化

资料来源：CEIC。

2. 中国经济增速下降、美国经济增速回升

如前所述，中国与美国的经济增速，也会对中国的短期资本流动状况产生影响。由于经济增速会大致决定该国的投资回报率，因此如果中国经济增速显著高于美国，中国将会面临短期资本持续流入，反之亦然。一方面，近年来，随着中国人口老龄化的加剧、农村劳动力由农村转移到城市的过程基本结束、制造业产能过剩的加剧、企业融资成本的上行以及全要素生产率的放缓，中国经济的增长速度显著下滑。另一方面，随着美国经济逐渐从次贷危机造成的低谷中复苏，其经济增长率开始再度接近潜在经济增速。如图12，中国季度GDP同比增速已经由2007年第2季度的16.1%下降至2015年第1季度的7.0%，而美国季度GDP同比增速已经由2009年第2季度的-4.1%升至2015年第1季度的2.7%。中美经济增速之差已经由2007—2009年的超过10%，下降至2015年年初的不到5%。换言之，中美经济增速之差的下降，是导致短期资本在近期流出中国的原因之一。

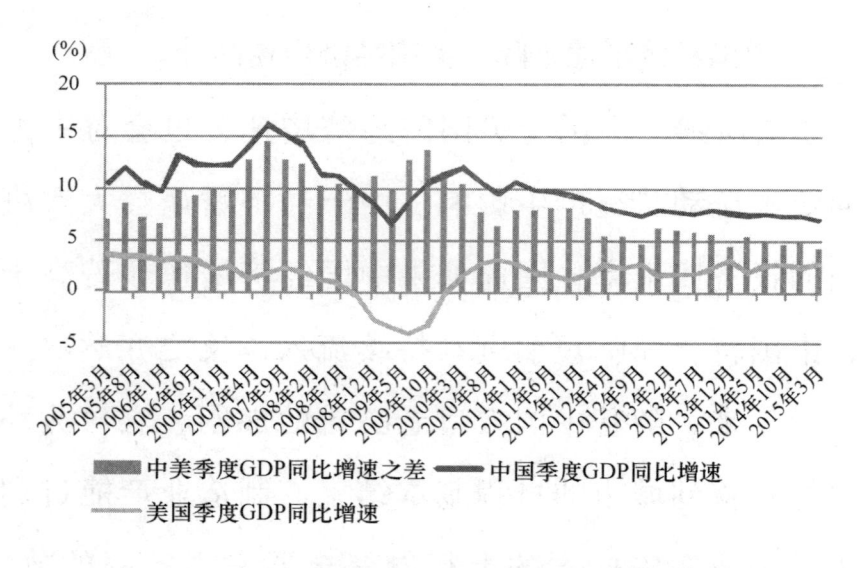

图12 中美季度 GDP 同比增速的比较

注：此处的中美季度 GDP 同比增速使用的都是 IMF 国际金融统计数据中的口径。

资料来源：CEIC。

3. 全球风险偏好重新下降（风险规避程度上升）

如前所述，包括中国在内的新兴市场国家面临的短期资本流动，也会受到全球投资者风险偏好程度变化的影响。当全球投资者风险偏好程度上升时，短期资本通常会由发达国家流向新兴市场国家，反之亦然。笔者用 VIX 指数[①]来刻画全球投资者的风险偏好。该指数越低时，全球投资者的风险偏好程度越高，反之亦然。如图

---

① 美国芝加哥期货交易所的市场波动指数，衡量的是美国标准普尔 500 股票价格指数期货的隐含波动率。

13所示，VIX指数在2014年第4季度与2015年第1季度处于相对高位（该时期内VIX指数均值为16.31），显著高于2013年年初至2014年第3季度的水平（该时期内VIX指数均值为13.93）。2014年年底至2015年年初全球投资者风险偏好的下降，很可能与美联储加息预期以及希腊主权债务危机重燃导致的全球市场动荡有关，而这将会导致短期资本流出中国的规模加大。

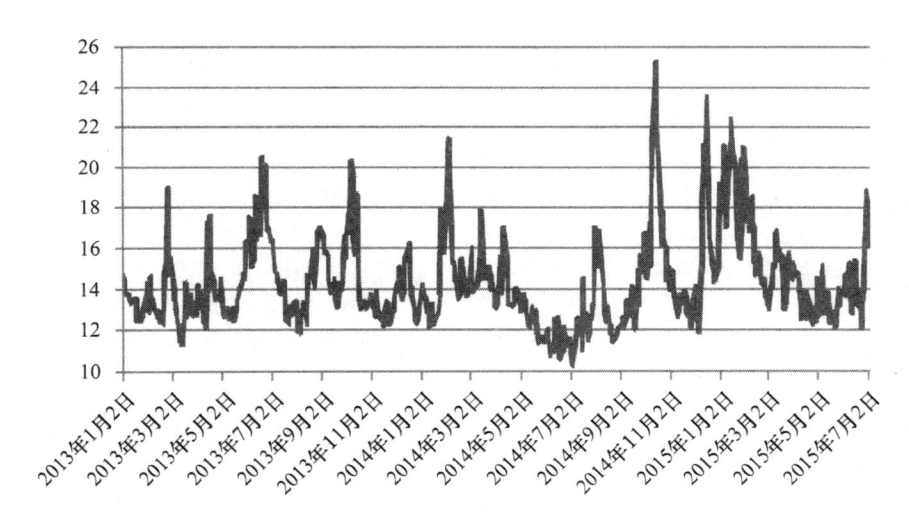

图13　VIX指数的变化

注：本图中采用的是VIX指数的日度收盘价。

资料来源：YAHOO Finance。

4. 中美利差收窄

自2007年夏天美国次贷危机浮出水面后，美联储在一年多时间内将联邦基金利率由5.25%降至0—0.25%，由此产生了大量的美元套利交易，即借入美元贷款，转换为新兴市场国家货币后，到新兴市场国家进行高收益投资。如图14所示，以可比的3月期银行间利率来衡量，则2009—2013年，中美利差大约相差5个百分点，再加上这一时期内人民币兑美元汇率呈现出缓慢升值态势，导致中美套利交易不但没有汇率风险，反而有汇率收益，由是造成套利交易大行其道，大量短期资本流入中国国内。然而，从2014年第2季度起，随着中国宏观经济下行，中国央行开始采取从量化宽松到全面宽松的策略，导致国内银行间市场利率显著下行，到2015年5月，中美利差已经由5个百分点以上收窄至不足3个百分点。更重要的是，随着人民币兑美元汇率的升值预期逆转为贬值预期，过去的中美货币套利交易开始面临汇率风险。此外，随着市场预期美联储将在2015年下半年步入新的加息周期，预计未来中美利差将会继续收窄。因此，中美利差的收窄以及进一步收窄的预期，是造成近期短期资本流出中国的重要原因。

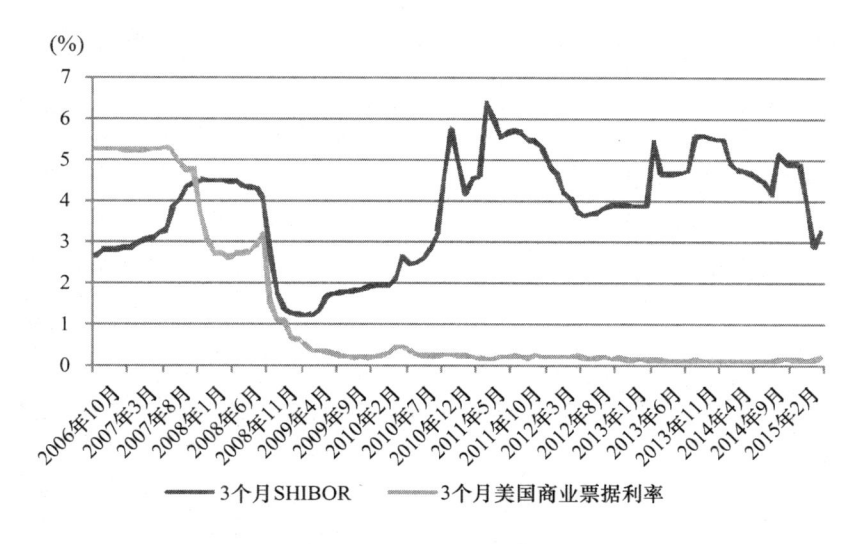

图 14 中美短期市场利率比较

资料来源：CEIC。

5. 中国房地产市场下行

短期资本流动也与一国国内资产价格走势有关。如图 15 所示，从 2014 年年初起，国房景气指数开始持续下行，表明中国房地产市场开始向下调整。由于在本轮房地产上升周期中，部分二线城市，很多三、四线城市积累了大量的房地产库存，导致本轮房地产市场下行周期可能变得旷日持久。中国房地产市场由盛转衰，可能是导致短期资本流出中国的重要原因。从 2014 年 11 月至 2015 年 5 月，中国股票市场走出了牛市行情，按照常理，这将导致短期资本流入中国。不过，根据外汇管理局披露的截至 2015 年第 1 季度的资本流动数据以及中国央行公布的截至 2015 年 5 月的外汇占款数据，短期资本持续外流的状况尚未改观。

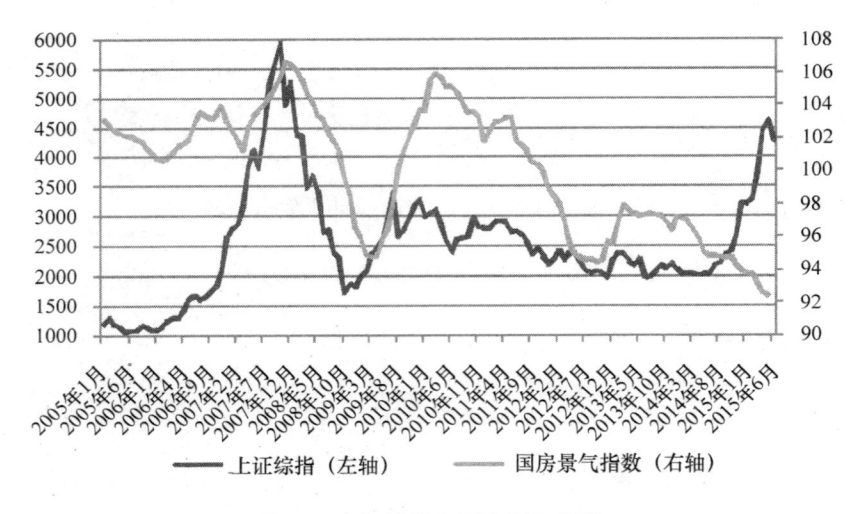

图 15　上证综指与国房景气指数

资料来源：CEIC。

6. 资本账户加速开放导致国内居民与企业加快海外资产配置

虽然中国政府过去在资本账户开放方面一直采取了审慎、渐进、可控的策略，但是随着中国央行开始推进人民币国际化，资本账户开放的步伐明显加快。2012 年央行调查统计司发布的一份报告宣称，央行将在 2015 年实现资本账户的基本开放，在 2020 年实现资本账户的全面开放。近期，央行领导人再次重申了在 2015 年基本实现资本账户开放的目标。过去，由于中国央行实施了人民币利率管制与资本账户管制，导致大量国内资金只能在中国国内进行有限的资产配置。随着资本账户的加速开放，国内居民与企业将会有很强的动机进行全球资产配置，而这将造成大量的国内资本外流。例如，从 2015 年下半年起，家庭净资产超过 100 万元人民币的家庭，将可以通过 QDII2 渠道直接投资国外金融市场。尤其是考虑到随着利率市场化的推进，国内金融风险在未来几年将会显性化，如果管理不善则可能酿成区域性甚至系统性金融危机。如果这种情形发生，国内居民与企业的海外资产配置进程无疑会加快，这会造成中国面临的资本外流加剧。例如，根据 Bayoumi 和 Ohnsorge 的估算，中国的资本账户开放将会导致中国的海外资产发生相当于 GDP15%—25% 的存量增长，以及中国的海外负债发生相当于 GDP 2%—10% 的存量增长，这意味着资本账户开放将会导致显著的资本净流出[1]。

---

① Bayoumi Tamim and Ohnsorge Franziska, "Do Inflows or Outflows Dominate? Global Implications of Capital Account Liberalization in China", *IMF Working Paper*, No. WP/13/189, August 2013.

五 未来短期资本大规模流出的风险

尽管如前所述，从2014年第2季度至2015年第1季度，中国出现了持续的短期资本流出。但这一短期资本流出的规模是较小的，对中国政府而言风险完全可控。但是，对未来短期资本大规模流出中国的风险却不容小觑。在本部分中，笔者将首先估算潜在资本外流的可能规模，其次分析潜在资本外流加剧的原因，最后分析资本外流加剧可能造成的危害。

1. 潜在资本外流的可能规模：人民币套利交易平仓与国内储蓄多元化

在本部分，笔者将估算潜在资本外流的规模。笔者将潜在资本外流分为外资外撤与内资外流两部分。

在估计潜在的外资外撤规模时，笔者将主要讨论流动性较强的短期资本，特别是债权债务类资本，而并不包含FDI。截至2014年年底，中国国内的FDI存量高达2.68万亿美元，占到同期中国外汇储备规模的70%。因此，一旦中国国内FDI存量大规模外流，则无论是其规模还是其冲击都不容小觑。

笔者粗略地将潜在的外资外撤规模分三块进行估计：第一块是外国银行对中国的各类贷款。如图16所示，根据BIS的数据，截至2014年第4季度末，全球银行对中国各类机构的贷款余额达7982亿美元，其中对中国银行、非银行企业与政府的贷款余额分别为3468亿、3409亿与1090亿美元。尽管贷款可以分为短期与中长期，但欧债危机的爆发生动地表明，当一个经济体爆发金融危机时，外国贷款人通常会全面抽回贷款，甚至包括中长期贷款。

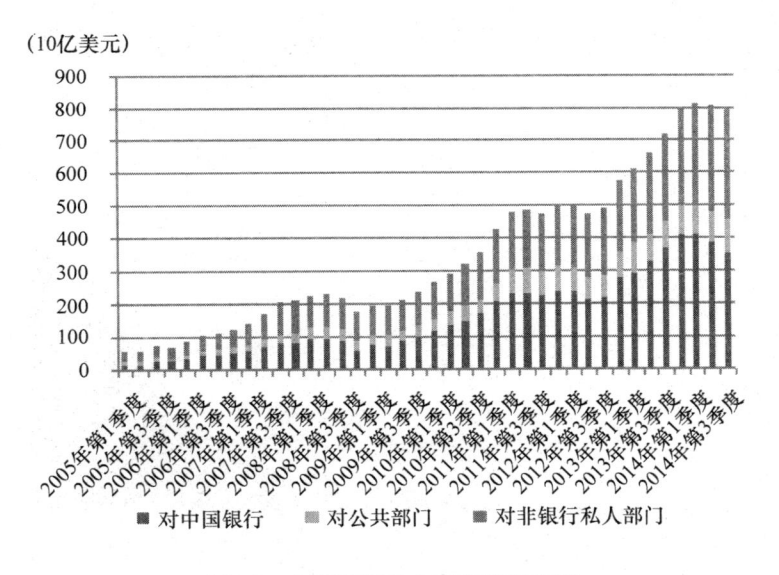

图16　全球银行对中国的债权规模

资料来源：BIS。

第二块是通过中国内地与香港之间的关联贸易流入内地

的套利资金。如前所述，自2009年全球金融危机后，由于中国内地的利率水平显著高于全球利率水平，再加上人民币兑美元汇率呈现稳中有升趋势，导致人民币套利交易有利可图。大量的套利资金通过贸易渠道的转移定价（特别是通过内地关联企业高报出口的方式）由香港流入内地。如图17所示，其阴影部分即是笔者通过"内地对香港的出口—香港从内地的进口"这一粗略方式估算的两地之间通过转移定价方式流入的套利资金。截至2014年12月底，通过转移定价方式流入的套利资金的累积规模达到4175亿美元。值得指出的是，由于香港关联公司的资金来源主要源自香港

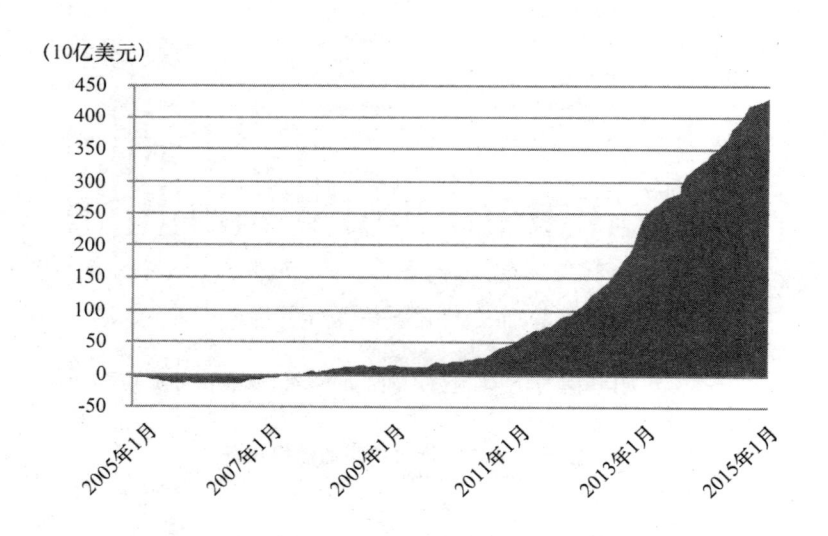

图17 内地与香港之间通过转移定价的套利资金流入

资料来源：CEIC以及作者的计算。

本地公司向外国金融机构的贷款,因此第二块估算的资金规模与第一块估算结果重复计算的程度不会太高。

第三块是中国各类主体发行的国际债券规模。如图18所示,从2010年起,中国居民发行的国际债券的未到期余额显著增长,从2010年第1季度末的500亿美元飙升至2014年第4季度末的4368亿美元。在2014年年底,由非银行金融机构、银行、企业与政府举借的国际债券的未到期余额分别为2305亿、1507亿、404亿与153亿美元。当然,债券资金与银行信贷资金相比,前者不会发生提前抽贷的现象,但由于中国主体的海外债

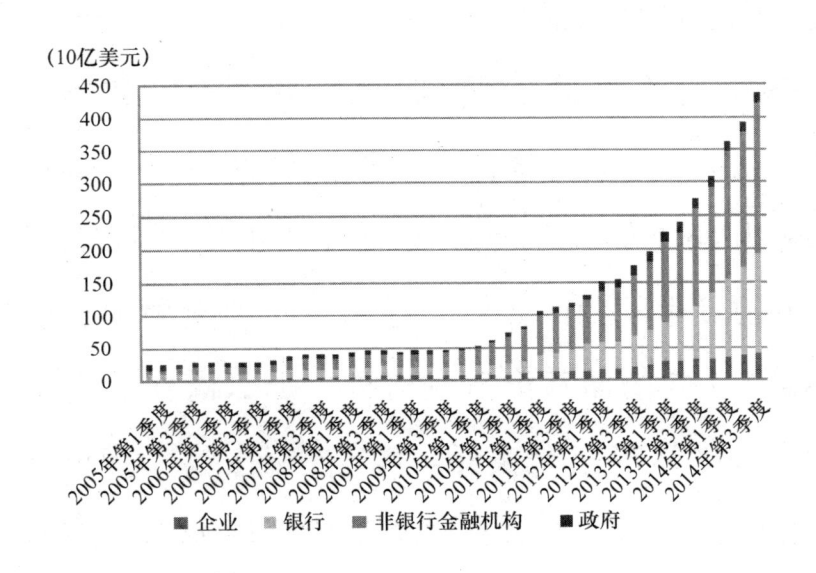

图18 中国居民发行的国际债券的未到期余额

资料来源:BIS。

券通常为中期债券（以 3—5 年居多），这意味着在未来几年内，每年仅国际债券的还本付息额就比较可观。

综合上述三块资金，通过简单的计算，假定发生不利情形时，外国银行可以抽离全部贷款、通过贸易转移定价流入的套利资金也可以全部撤出，再假定中国居民发行的国际债券平均期限为 3 年（也即分 3 年还本付息）。那么在不利情形下，可能的外资外撤最大规模约为：7982 + 4175 + 4368/3 = 1.36 万亿美元。

在估计潜在的内资外流规模时，笔者主要分析中国储蓄的全球多元化动机。如图 19 所示，截至 2014 年 12 月底，中国的储蓄总额为 117 万亿人民币，其中企业储蓄为 59 万亿人民币，居民储蓄为 49 万亿人民币。按照人民币兑美元汇率 6.2 比 1 计算，则 2014 年年底中国储蓄总额为 18.87 万亿美元。假定在资本账户全面开放后，一旦中国发生不利的经济金融情景，因此中国企业与家庭决定将 1/5 的储蓄配置到海外，那么潜在的内资外流规模将达到 3.77 万亿美元。

将潜在的外资外撤与内资外流规模相加，则如果中国国内金融风险上升，那么中国可能面临的潜在资本外流高达 5.13 万亿美元，这显著超过 2014 年年底中国

3.84万亿美元的外汇储备，相当于2014年中国GDP的50%。如果真的发生如此大规模的资本外流，这将对人民币汇率、国内金融体系稳定与中国经济可持续增长造成严重负面影响。

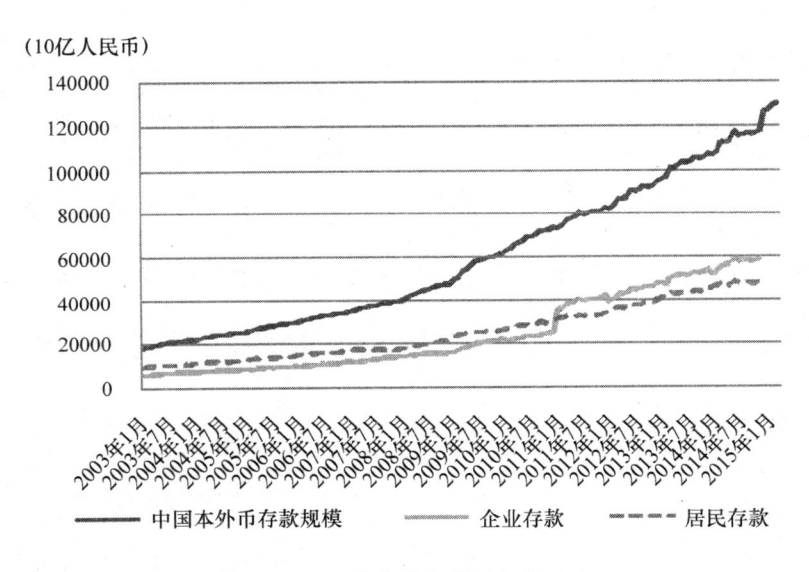

图19 中国的存款规模及部门分布

资料来源：CEIC。

需要指出的是，有几个因素可能造成上述潜在资本流出规模高估，例如在三块外资外撤资金规模的计算中可能存在重复计算（例如在外国银行债券与跨境套利资金之间，或外国银行债券与国内机构海外发债规模之间）。但与此同时，也有几个因素可能造成上述潜在资本流出规模低估，例如笔者还没有考虑存量 FDI 资金的撤出，以及一旦发生危机时，国内储蓄外流规模可能超过 20% 等。因此，上述估算结果在一定程度上还是具有较强的参考价值的。

2. 短期资本外流加剧的可能原因

在未来几年内，可能造成短期资本外流加剧的主要原因包括以下几个方面：

一是随着中国政府加快开放资本账户（例如放大 QFII 与 QDII 的额度、QDII2 的推出、沪港通与深港通的推出、内地与香港基金互认的实施、自贸区开放力度的加大等），跨境资本流动面临的约束将显著减少，资本大进大出的概率将显著上升。

二是国内经济增速进一步下行，爆发系统性金融危机的可能性加剧。在内外需持续低迷前提下，宏观经济下行将使得中国企业部门高杠杆能以持续，而企业部门去杠杆将会导致银行系统坏账显著上升。随着利率市场化的进一步推进以及全国性存款保险公司的推出，未来几年中国的隐形金融风险将会逐渐浮出水面。如果处置失当，中国可能爆发区域性甚至全球性金融危机。在这种状况下，国内居民对国内金融体系的信心可能显著下降，从而导致短期资本加剧外流。

三是人民币兑美元贬值压力加剧。目前人民币兑美元汇率已经出现高估，如果这一高估状态不但没有纠正，反而有所加剧的话，那么随着未来资本流动的逆转，人民币兑美元可能出现大幅贬值。更为重要的是，在资本外流与人民币贬值之间可能形成恶性循环。

四是美联储步入新的加息周期。尽管美联储步入加息周期的具体时间点还不确定，但未来美联储必将逐渐上调联邦基金利率。在美国货币政策正常化的过程中，中美利差将会进一步收窄，从而提高国际市场对中国国内资金的吸引力，进而导致人民币套利交易平仓甚至反转。

五是地缘政治动荡加剧。目前全球地缘政治冲突有加剧之势。随着中国经济的崛起，中国政府的外交策略开始由韬光养晦变为有所作为，与美国、日本等发达国家以及部分相邻新兴市场国家爆发各种冲突的概率正在上升。而一旦中国面临的地缘政治动荡加剧，那么国内外主体的避险情绪将会上升，以寻求投资多元化、规避投资风险为目的的外资外撤与内资外流将会显著加剧。

3. 短期资本外流加剧的危害

张明建立了一个从私人部门、公共部门与对外部门联动角度来分析中国金融系统性风险的框架。[①] 在这个框架内，在特定冲击下，对外部门面临短期资本外流加剧，可能成为引爆中国金融系统性风险的动因。金融危机的爆发可能从对外部门开始，随后传递至私人部门，进而传递至公共部门，最后传递至对外部门，从而形成一个恶性循环。

危机的起因可能是一个外部冲击，例如美联储快速加息。如上所述，随着未来中国制造业产能过剩问题的加剧，以及房地产价格的向下调整，中国商业银行体系可能出现大量坏账，这会降低中国居民对本国金融体系的信心。而一旦美联储开始快速加息，那么外部对中国国内资金的吸引力上升。再加上中国政府正在加快开放资本账户，结合上述原因，可能引发大规模的国内资本外流，国内资本持续大量外流将会导致已经市场化的人民币汇率显著贬值。对外部门的危机随即出现。

国内资本外流将会降低中国国内市场的流动性，造成国内整体利率水平上升。利率水平快速上升将会带来两种不利后果：第一，中国制造业企业融资成本上升、

[①] 张明：《论中国金融系统性风险》，《中国资本市场研究季刊》（日文）2014年第3期。

财务负担加剧，从而不得不进入痛苦的去杠杆化阶段；第二，利率上升可能加快房地产价格向下调整，甚至捅破房地产价格泡沫。无论是制造业的去杠杆化，还是房地产价格的显著下降，都会导致中国商业银行体系坏账飙升，从而引爆银行业危机。私人部门的危机就此爆发。

鉴于银行业依然是中国金融体系最重要的环节，一旦银行业爆发危机，中国政府不得不出手救市。从目前来看，中国政府拯救银行业无非有三种手段，一是重新走1998年的老路，即财政部发行特别国债募集资金，将资金注入不良资产管理公司，由不良资产管理公司以账面价值从商业银行购买不良资产，之后再用财政资金来核销坏账；二是直接动用财政资金或外汇储备对商业银行补充资本金，由商业银行在资产负债表内消化坏账；三是采用更加市场化的手段，例如引入公私合作的资产证券化来帮助商业银行处置不良资产。无论采用哪种手段，中国政府救市的结果，必定是用政府部门的加杠杆来应对私人部门的去杠杆。换言之，债务负担必然会由私人部门转嫁至政府部门。

问题在于，1998年中国政府救助商业银行时，政府债务占GDP比重处于很低的水平，可能仅为20%左右。

而目前即使根据审计署的普查数据，截至 2013 年 6 月底，中国政府债务占 GDP 比率也已经达到 56%。根据市场估计，中国政府的全口径真实债务水平可能达到 GDP 的 70% 左右。那么，如果中国政府再启动一次救助商业银行的行动的话，中国政府债务占 GDP 的比重最终可能升至 90% 以上，甚至超过 100%。届时，中国政府未来能否还本付息，就可能成为市场关注的焦点。部分市场主体甚至开始做空中国国债，或者大举买入中国国债的 CDS（信用违约互换）。公共部门的危机可能因此而生。

私人部门与公共部门的危机，最终可能再次传递至对外部门。随着银行业危机的爆发，以及主权债务危机风险的加剧，国内外主体对中国金融体系的信心可能进一步下降，从而引发更大规模的短期资本外流，这会导致更大的人民币贬值压力。央行从而不得不进行外汇市场干预，这又会导致外汇储备规模快速下降。外汇储备骤降可能进一步加剧市场恐慌情绪，引发更大规模的资本外流与贬值压力。

危机还未完结。更大规模的资本外流可能导致国内利率水平进一步上升，从而加剧制造业企业去杠杆、房地产价格下跌与政府偿债压力。人民币汇率贬值会导致中国企业的外债负担加剧。因此，对外部门的动荡可能再次传递至私人部门与公共部门，从而构成一个致命的螺旋危机。

如果上述危机真的爆发，那么其破坏性将是相当大的。危机结束后，中国政府可能需要很长时间，才能修复家庭、企业、金融机构与政府自身的资产负债表。而在人口日益老龄化、传统增长模式难以为继的大背景下，中国经济要在危机后重塑增长动力，无疑将会面临巨大挑战。这一切，与日本在泡沫经济破灭后的情形颇为类似。如果应对失当，中国经济也可能陷入长期低速增长的困境，从而最终陷入中等收入陷阱的泥潭。

六　结论与政策建议

从 2014 年第 2 季度起，中国开始面临持续的短期资本外流。从国际收支表视角来看，本轮短期资本外流主要是其他投资子项出现资金净流出，而这又主要源自贷款子项以及货币与存款子项的资金净流出，其中贷款子项净流出由外国居民主导，而货币与存款子项资金净流出由本国居民主导。从银行跨境收付视角来看，这一轮短期资本外流的主要原因，是在人民币兑美元汇率的贬值预期形成后，中国家庭与企业开始实施"资产外币化、负债本币化"财务操作，"藏汇于民"的格局正在形成。在这一过程中，企业所起的作用远较家庭重要。

导致这一轮短期资本外流的主要原因，一是人民币兑美元的升值预期转变为贬值预期；二是中国经济增速下降与美国经济增速回升造成中美经济增速之差收窄；三是全球投资者风险偏好程度下降；四是中美利差收窄；五是中国房地产市场下行；六是中国资本账户开放加速导致中国居民加大了海外资产多元化配置的力度。

未来一旦发生短期资本外流加剧，则资本外流的潜在规模不容低估。根据笔者的估算，在不利情形下，外资外撤与内资外流的规模合计可能达到5.13万亿美元，相当于2014年中国GDP的50%。造成潜在资本外流加剧的原因包括中国政府加快资本账户开放、潜在经济增速下行加剧金融风险以及风险显性化过程、人民币贬值预期与资本外流形成恶性循环、美联储步入新的加息周期以及地缘政治动荡加剧等。如果管理不当，短期资本外流可能成为引爆中国金融系统性风险的导火索。

换言之，尽管当前的短期资本外流是可控的，但如果广义的人民币套利交易（包括全球银行对中国的贷款、香港与内地之间通过转移定价进行的套利交易、中国企业在海外发行的债券）发生反转，以及中国居民开始加速向海外配置资产，那么资本流出的规模将会显著上升。有一种观点认为，随着资本账户的进一步开放，中国居民会向国外配置资产，但与此同时外国居民会向中国配置资产，这两者抵消后不会出现大规模资本净流出。但问题在于，这两种资产配置行为都是周期性的、逐利的。在中国宏观经济增速下行、房地产市场持续向下调整、金融体系风险上升、人民币出现贬值预期强化的背景下，外国资金流入抵消中国资金流出的可能性微乎其微。目前国内唯一利好的因素恐怕就是股市不断飙升了。但股市的泡沫（尤其是创业板的泡沫）终究会破灭，一旦股市泡沫破灭，中国居民的资金外流与外国居民的资金外撤可能同时发生，这种共振的格局将会导致短期资本外流规模显著放大。

为更好地应对短期资本流出可能加剧，甚至引爆中国金融系统性危机的风险，笔者在此提出以下政策建议。

第一，在当前应该格外慎重地对待资本账户开放问题。在国内金融体系尚存在较大的脆弱性、美联储即将步入新的加息周期的背景下，一旦全面开放资本账户，中国可能面临短期资本大举流出的格局，这或者可能引发金融危机，或者可能导致中国央行重新收紧资本账户管制。发展中国家资本项目自由化大都伴随金融危机的发生。历史经验值得注意。此外，中国的资本项目在很大程度上已经开放，所剩管制主要限于对短期跨境资本的额度控制。中国并不存在如果不"完全"或"基本"开放资本项目，金融改革就无法推进、宏观经济稳定无法实现的形势。所谓通过资本项目自由化"倒逼"中国金融改革的提法缺乏理论和经验的根据。中国不应该放弃渐进开放资本项目的政策。

第二，应该尽快建立起系统的宏观审慎监管与微观审慎监管框架，在资本账户全面开放之前，尽可能抑制金融风险的继续累积，最好能够逐渐降低金融风险。这包括让全国存款保险公司尽快投入运营、允许部分影子银行产品违约与中小金融机构破产清算、建立风险预案与危机管理机制等。近期中国股市的大起大落，生动地说明了，即使在经验丰富的外国投资者全面参与中国金融市场之前，中国国内投机者凭借杠杆就可以将市场搅得天翻地覆，而相关监管者不但反应滞后而且彼此之间缺乏协调。在国内宏观审慎监管框架建立健全之前、在国内金融市场上既有的金融风险得到全面监控与妥善处理之前，加快资本账户开放无疑是引火烧身。

第三，在当前应该通过系统的宏观经济政策组合来保证宏观经济以合理速度增长，并在增长的前提下加快结构调整。如果经济增速过度失速，那么不但短期资本可能加剧流出，而且调结构也将无从做起。与货币政策相比，财政政策应该进一步发力。而无论货币政策还是财政政策，在操作方面都应该注重前瞻性、注重预期管理，避免出现头痛医头、脚痛医脚式的应激式操作。此外，要避免出现短期资本大规模外流，中国政府必须通过加快结构性改革来提振市场信心。在笔者看来，目前最重要的结构性调整包括：提高居民收入占国民收入的比重；打破国有企业对若干服务业部门的垄断，对民间资本真正开放这些部门；加快国内要素价格的市场化等。

第四，中国央行应该加快人民币汇率形成机制改革，在更大程度上让市场供求来决定人民币汇率。在当前的情形下，这意味着人民币兑美元汇率应该顺势贬值，从而消除人民币汇率显著高估的状况，避免人民币汇率失调引致的短期资本大规模外流。

专题 2

反思 811 汇改：做好前瞻性指引、增加公共沟通[*]

2015 年 8 月 11 日，我国推行了人民币兑美元汇率中间价改革（以下简称 811 汇改）。此次汇改的初衷是增强人民币汇率形成机制的市场化程度。但突如其来的贬值却在海内外引起了巨大震荡，中国甚至成为近期全球金融动荡的替罪羊，这对我国造成了不利影响。反思这次汇改，我们能从中汲取一些经验教训，从而为下一步汇改服务，并为其他领域的改革提供一些参考。

8 月 11 日上午 9 时 25 分，中国人民银行宣布完善人民币兑美元汇率中间价报价。自当日开始，做市商在每

---

[*] 本专题作者为王碧珺，本文的写作受到教育部哲学社会科学研究重大课题攻关项目"中国资本账户开放进程安排和风险防范研究"（14JZD016）的资助。

日银行间外汇市场开盘前，参考上日银行间外汇市场收盘汇率，综合考虑外汇供求情况以及国际主要货币汇率变化向中国外汇交易中心提供中间价报价。811汇改最大的成效在于让人民币兑美元的中间价更好的参考收盘价，这有助于增强人民币汇率形成机制的市场化程度，从而为人民币资本项目可兑换和人民币国际化提供重要的配套制度。

然而，811汇改在海内外引起了巨大震荡，中国甚至成为近期全球金融动荡的替罪羊。汇改头三天，人民币汇率中间价和即期汇率贬值即接近5%。同时，离岸人民币汇率（CNH）波幅剧增，并与在岸人民币汇率（CNY）产生巨大偏离。市场一度怀疑人民币进入贬值通道。而在国际社会，甚至有些声音指责中国启动全球货币贬值大战，输出通缩。就连其后的全球大宗商品和股市下跌，也将"罪魁祸首"之名扣在中国811汇改头上。

为了稳定人民币汇率，央行不得不在离岸和在岸市场上进行大规模的外汇干预。同时，为了增加套利成本、压缩套利空间，央行还加强了资本流动管理，并对远期售汇征收20%的准备金。如此一来，本来是汇率市场化的改革，央行却在不得已的情况下加大了对市场的干预。

这进一步引来了市场的诟病。

虽然，在国内，811汇改并非外汇储备下降、资本外流的直接起因；在海外，全球金融动荡更多的是受到美联储加息的影响；但是，811汇改成为替罪羊，在海内外引起了巨大震荡，对我国造成了十分不利的影响。反思这次汇改，我们能从中汲取一些经验教训，从而为下一步汇改服务，并为其他领域的改革提供一些参考。

811汇改引起市场巨大动荡的一个原因在于出其不意。汇改前，在岸市场上人民币兑美元的波动率非常低，而在用以满足离岸人民币流动性需求的外汇掉期市场上，美元兑人民币的掉期价格也保持在150个点左右的低位。这都说明了市场完全没有预期到这次汇改，于是也就没有进行套期保值操作用来对冲汇率风险。

事实上，在811汇改前，受到前期美元走强、新兴市场经济体货币普遍贬值、中国经济低迷以及由于股市泡沫破裂导致的货币投放太多等多重因素的影响，人民币实际有效汇率已经偏强，人民币本身存在贬值预期。市场预料之外的811汇改触发了这一贬值预期的自我实现和自我循环，而之前积累的大量美元负债导致汇改后美元买盘需求格外强烈，从而进一步加大了人民币汇率的下行压力，导致汇率超调现象出现。突如其来的人民币贬值让投资者一时不知所措。

如果全球投资者和市场参与者对于此次汇改能提前做好准备，那么市场的恐慌将大大降低，对于改革的过激反应也会相应减少。在这一方面，美联储的经验值得参考。美联储尚未动手加息，全世界已经讨论了两年之久。在这一过程中，各方了解到美联储可能的决策方向和决策逻辑，同时也反复计算了自己可能受到哪些影响，并准备了多种应对预案。可以相信，全球已经对美联储加息做好了准备，可能带来的负面影响也已经逐步消化，于是，美联储什么时候加息就变得非常主动。这提高了美联储货币政策的有效性和可信度，并降低了对市场的冲击和负面影响。

因此，811汇改给当前决策的一个重要启示就是要增加公共沟通，做好前瞻性指引。

具体而言，第一，发展公开公正的公共沟通模式。对于重大改革和政策的推出，我们要避免搞突然袭击，让各方毫无准备。这可能给社会和市场带来较大的动荡和冲击。同时，我们也要避免透露内部消息式的沟通模式，这将损害市场的公开、公平和公正。建议研究与市场进行公开公正沟通的新方式和方法，让良好的公共沟通成为我国的新型政策工具。

第二，提前准备一批议题，在重大改革推出前交给市场讨论。我国改革已经进入攻坚期和深水区，无论是金融、财税，还是国企、土地，各方面普遍受益和广为接受的改革措施越来越少，达成改革共识的难度越来越大，改革越来越多地触及深层利益关系。建议将重要的改革议题提前交给市场讨论。这一过程不仅有助于提供决策依据并提高决策的精准性，而且有利于各方准备应对方案。

第三，鼓励各方面充分表达意见。如今，没有哪个领域的改革能让所有人满意。表达意见本身代表了希望影响决策。但如果无法改变决策，无论持有是赞是贬哪一种立场，各利益方都将做好演算，准备应对方案。表达意见越充分，说明事先演算、准备预案的过程越充分，那么改革后产生的冲击相对越小。

第四，对于人民币是否存在大幅贬值的基础，各方有不同的观点。但我们应该避免贬值恐惧。历史上，美元曾经深陷贬值周期。自1971年8月到1979年年底，美元指数贬值27%，美国经济也陷入"滞胀"。但随着保罗·沃尔克担任美联储主席、强力提升美元利率，以及里根入主白宫并推行减税、缩支、降低政府干预等措施，美国经济重新恢复增长，并带动了美元出现持续5年的强势上涨周期，1980—1985年，美元涨幅超过80%。因此，对于大国而言，汇率是次要的政策，应该从属于对内平衡，汇率水平的变化应该是结果而不是目标。而改善经济前景、稳定市场信心，才是实现汇率稳定之根本。

专题 3

日本资本账户开放对中国的启示[*]

一 日本资本账户开放的教训

日本在实现资本账户开放 10 年后，利率自由化才最终完成。日本在 20 世纪 80 年代初就实现了资本账户开放。1984 年 4 月，日本废除了远期外汇交易的实际需求原则；同年 6 月，日本进一步废除了外汇兑换日元的限制。日元基本上成为自由可兑换货币。这意味着，日元不仅在经常项下可自由兑换，而且在资本项下的自由可

---

[*] 本专题作者为王碧珺,本专题的写作受到教育部哲学社会科学研究重大课题攻关项目"中国资本账户开放进程安排和风险防范研究"（14JZD016）的资助。

兑换也基本放开。1986年12月，日本又在东京开设了日元离岸市场，为日本国内企业和机构获得境外融资提供了更加便捷的渠道。在实现资本账户开放10年后，1994年日本利率自由化才最终完成。1985年10月，日本大额定期存款利率实现自由化，同时债券市场的期货产品开始交易；1988年11月，日本银行间市场的短期利率也实现了市场询价、还价的决定机制；1989年6月，小额定期存款利率也开始自由化。随后日本银行存、贷款利差出现了迅速的收窄。到1994年10月，日本完成了活期存款利率的自由化，并宣告日本利率自由化的最终完成。

利率自由化滞后于资本账户开放是日本泡沫经济形成的重要原因。现有大量研究已经发现，导致日本泡沫经济的直接原因是日本央行实施了过度宽松的货币政策，但日本央行并非不想控制流动性泛滥的局势，而是有心无力。究其原因，正是由于日本在尚未实现利率自由化的时候，贸然开放了资本账户。这导致了日元与外汇兑换限制的放开，从而使得日本企业、金融机构可以轻易地从国外获得贷款，然后兑换成日元在国内使用，从而避开国内信贷总量的限制。如果利率市场化在前，资本账户开放在后，当数量型货币政策（窗口指导）失效的时候，价格型货币政策（利率政策）就能及时发挥调节作用，从而20世纪80年代日本的泡沫经济在一定程度上是可以避免的。但在资本账户开放在前，而利率市场化在后的情况下，从1984年年底到1989年年底，日本央行对于控制国内的信贷供给缺乏有效的政策工具。

二　对中国的启示

日本早在1968年经济总量就已经超过德国成为世界第二大经济体，但伴随着泡沫经济的形成及其破灭，日本陷入长达20多年的通货紧缩和经济持续低迷。从日本资本账户开放和利率市场化的教训中，笔者认为有如下启示值得中国借鉴。

一是利率市场化不能滞后于资本账户开放。日本的经验、新兴市场经济体开放资本账户的实践，以及国际经济学界的理论和实证研究，均表明一国资本账户开放既需要遵循特定的次序，也需要一定的前提条件。人民币利率市场化、人民币汇率形成机制市场化以及中国金融体系基本实现对民间资本的充分开放不能滞后于资本账户开放。否则，资本账户开放将带来频繁、大规模的跨境套利活动，这会加剧中国金融风险的累积，并造成国民福利的损失。

二是进行利率市场化的同时要注意提高金融机构的公司治理，打破政府隐性担保的承诺。公司治理孱弱、软约束的金融机构往往在揽储方面积极性过高，缺乏自我约束导致非公平竞争，这对整个银行业的金融发展是不利的。在利率市场化的同时，要通过改革提高金融机构的公司治理、实现硬约束，端正市场主体的竞争行为。同时，打破政府隐性担保承诺。对于由于自身经营不善、流动性断裂而造成实质性违约的个别地方融资平台、国有企业等，不应通过政府行政干预的形式，借助续贷来维持生存，而是要依照市场规律，严格进入法定的破产程序。只有打破政府隐性兜底的市场共识，资金才能真正实现风险定价，利率市场化才有意义。

三是重视利率市场化对中小金融机构的影响，做好风险预警和防范工作。中小金融机构在利率市场化后可能面临严峻的生存挑战。因此需要做好风险预警和防范工作，尤其是建立显性的存款保险制度能在最大程度上保证利率市场化后的金融稳定，为利率市场化改革提供良好的制度保障和稳定的经济预期。